Bernd Siggelkow | Wolfgang Büscher

Deutschlands große Chance

Was sich unsere **Kinder** wünschen
und warum wir sie unbedingt
ernst nehmen müssen

Über die Autoren

Bernd Siggelkow ist gelernter Kaufmann. Nachdem er einige Zeit als Vertriebsbeauftragter im Außendienst tätig war, hat er eine theologische Ausbildung bei der Heilsarmee absolviert und einige Jahre als Jugendpastor gearbeitet. Im Jahr 1995 gründete er in Berlin-Hellersdorf das christliche Kinder- und Jugendwerk „Die Arche". Seitdem entstanden noch mehrere Einrichtungen, zum Beispiel in Berlin-Friedrichshain, in Hamburg, München, Potsdam und Berlin-Wedding. Bernd Siggelkow ist verheiratet und Vater von sechs Kindern. Er ist Träger des Bundesverdienstkreuzes und erhielt für seine Arbeit den „Verdienstorden des Landes Berlin"; die Arche selbst wurde mit der „Carl-von-Ossietzky-Medaille" durch die „Internationale Liga für Menschenrechte" gewürdigt.

Wolfgang Büscher ist Journalist. Er schrieb als Bonn-Berichterstatter für „Sonntag Aktuell" in Stuttgart und arbeitete als Medienberater für zahlreiche Unternehmen, über zehn Jahre auch für Daimler in Stuttgart. Außerdem war er als Radiomoderator tätig und viele Jahre als politischer Journalist auch Mitglied der Bundespressekonferenz. Seit Herbst 2002 lebt er in Berlin. 2004 lernte er Bernd Siggelkow kennen und wurde Pressesprecher der Arche. Wolfgang Büscher arbeitet in Berlin weiter als Medienberater mit einem eigenen Unternehmen.

Bernd Siggelkow | Wolfgang Büscher

Deutschlands große Chance

Was sich unsere **Kinder** wünschen
und warum wir sie unbedingt
ernst nehmen müssen

FSC

Mix

Produktgruppe aus vorbildlich
bewirtschafteten Wäldern und
anderen kontrollierten Herkünften

Zert.-Nr. SGS-COC-1940
www.fsc.org
© 1996 Forest Stewardship Council

Verlagsgruppe Random House FSC-DEU-0100
Das FSC-zertifizierte Papier *München Super* für dieses Buch
liefert Mochenwangen.

© 2009 Gerth Medien GmbH, Asslar,
in der Verlagsgruppe Random House GmbH, München

1. Auflage 2009
Bestell-Nr. 816 449
ISBN 978-3-86591-449-1

Umschlaggestaltung: Hanni Plato
Umschlagfoto: Getty Images, Cecile Lavabre (Kind)
Satz: Mirjam Kocherscheidt; Gerth Medien GmbH
Druck und Verarbeitung: GGP Media GmbH, Pößneck
Printed in Germany

Inhalt

Vorwort
von Dr. Florian Langenscheidt

Es war ein Augustabend im letzten Jahrzehnt des vergangenen Jahrtausends. Sternschnuppen fielen auf unsere kleine Welt. Ich saß mit einer Gruppe von Erwachsenen zusammen – und uns gingen die Wünsche aus.

Später an dem Abend stieß ich auf eine Gruppe von Kindern und Jugendlichen, die ich fragte, was man sich alles wünschen könnte. „Dass der Tegernsee mit Schlagsahne gefüllt ist"; „dass sich Katz und Maus wieder verstehen"; „dass kein Baum mehr sterben muss" – es ging weiter und weiter, und ich merkte wieder einmal auf das Deutlichste, dass sich die Einbahnstraßen in unseren Köpfen erst im Laufe des Lebens bilden. Ein Kinderkopf ist noch voller wilder Dschungel, verborgener Höhlen und verschlungener Seitenwege.

Allein schon deshalb sollten wir die Gedanken, Wünsche und Träume von Kindern ernst nehmen. Weil sie uns jung halten und wegbringen von den Autobahnen des Geistes, auf denen Langeweile, Vorhersehbarkeit und Staugefahr dominieren. Weil sie uns alles hinterfragen lassen und jegliche Behäbigkeit verhindern.

Aus der Nacht im August entstand ein kleiner Bestseller: *Sternschnuppenwünsche*. Aber noch etwas viel Wichtigeres verdankt sich ein wenig jener Nacht und den Folgerungen daraus. 1994 gründete ich mit vielen engagierten Mitstreitern die Kinderhilfsorganisation *Children For A Better World.* Wir helfen seitdem Kindern ohne Heimat und Hoffnung in der ganzen Welt. Aber nicht nur durch Geld. Wir nehmen die Kinder und Jugendlichen ernst, lassen sie mitentscheiden und mitgestalten. Unsere Beiräte in vielen deutschen Städten sind nicht Gruppen von grau melierten Herren, sondern eine bunte Mischung aus Kindern und Jugendlichen, die sich über jeden Hilfsantrag beugen, ihn genauestens prüfen und gegebenenfalls genehmigen. Und seit Jahren schon geben wir sozialem Engagement von Jugendlichen bei der jährlichen Preisverleihung JUGEND HILFT! auf Schloss Bellevue in Berlin Geld, Know-how und Öffentlichkeit.

Diese 15 Jahre Engagement für *Children For A Better World* lassen mich im tiefsten Inneren wissen, warum das vorliegende Buch von so elementarer Bedeutung für die deutsche Gesellschaft und ihre Zukunftsfähigkeit ist. Nicht nur, weil die beiden Autoren, mehr als viele andere, aus jahrelangem eigenem Engagement heraus die Not und die Bedürfnisse von Kindern kennen. Nein, es geht um nichts anderes als die Frage, ob unsere Gesellschaft sich der Verantwortung der Zukunft stellen kann. Dazu brauchen wir Kinder und Jugendliche und ihren oft noch unschuldigen, oft noch unverbauten und oft überraschenden Blick auf die Welt.

In einem anderen Buch, *Glück mit Kindern. Eine Liebeserklärung in Geschichten und Bildern,* fragte ich Kinder und Jugendliche, was Eltern besser machen könnten. Die Antworten sind verblüffend und helfen jedem Erziehungsberechtigten weiter. Jede neue Shell-Studie überrascht, weil die neue Generation eben nicht so denkt und fühlt wie wir oder unsere Ahnen. Das sollten wir ernst nehmen und die Welt in diesem Sinne gestalten helfen – gerade wenn wir schon durch Umweltverschmutzung und Staatsschulden auf Kosten der nächsten Generation leben.

Aber nicht nur aus solchen übergreifenden und moralischen Erwägungen heraus ist es essenziell zu wissen, was in Kindern heute vorgeht, und es ernst zu nehmen. Nein, auch für das persönliche Wohlbefinden aller Eltern ist es wichtig, denn wer den 6-Jährigen ernst nimmt, wird mit dem 16-Jährigen weniger Probleme haben und mit dem 26-Jährigen eine Freundschaft oder Partnerschaft auf Augenhöhe leben, die nicht hätte entstehen können, hätten wir immer nur autoritär das durchgesetzt, was uns als richtig erscheint.

Das Süddeutsche Magazin brachte im Frühjahr 2009 ein Heft heraus mit dem Titel „Die neue Trümmergeneration. Finanzkrise, Glaubenskrise, Klimakatastrophe: Was für eine Welt hinterlassen wir eigentlich unseren Neugeborenen?" Das ist in der Tat eine essenzielle Frage – und wir sollten, wenn wir nur ein wenig Verantwortungsgefühl haben, die Welt so hinterlassen, dass sie unseren Kindern und Jugendlichen einen würdigen und lebenswerten Raum gibt und ein Trampolin darstellt für ihre Sprünge in die Zukunft.

Dr. Florian Langenscheidt
Gründer und Vorstandsvorsitzender
Children For A Better World

Kinder haben noch Wünsche und Träume

Es ist Anfang April, ein wunderschöner warmer Tag. Ich fahre von Berlin aus in Richtung Hamburg, um die dortige Arche zu besuchen. Donnerstags wird hier immer eine große Kinderparty gefeiert. Bis zu 200 Kids sind jedes Mal mit dabei. Es gibt Gewinnspiele, Theateraufführungen und vieles mehr. Die Kinder lernen dort spielerisch ihre Schwächen, aber vor allem ihre Stärken und Talente kennen. Und Letztere wollen wir nach Möglichkeit fördern.

Die Kinder der Arche im Stadtteil Jenfeld kommen aus den verschiedensten kulturellen Hintergründen. Viele von ihnen leben in schwierigen Verhältnissen. Viele der Eltern sind arbeitslos, beherrschen nur begrenzt die deutsche Sprache, leben in der sozialen Ausgrenzung. Oft schon waren unsere Mitarbeiter in den Familien und haben versucht, die Lebensumstände der Kinder besser kennenzulernen und dort, wo es geht, Unterstützung zu geben.

Doch trotz der schwierigen Situation, in der die Kinder leben – wenn man sie sich so ansieht und beobachtet, wie sie die Kinderparty in vollen Zügen genießen, wie sie ihr Können vor den anderen zum Besten geben und einfach Spaß haben, merkt man: Es sind ganz normale Kinder. Kinder, die das Leben noch vor sich haben. Ein Leben, von dem sie meist schon sehr genaue Vorstellungen haben.

Um uns ein genaueres Bild von diesen Vorstellungen zu machen, wollen wir die Kinder an diesem Nachmittag nach ihren Wünschen und Träumen, aber auch nach ihren Ängsten und Sorgen befragen.

Die Ergebnisse sind höchst interessant.

Es sind vor allem zwei große Ängste, die die Kinder beschäftigen: die vor dem Untergang der Welt und die vor der Trennung der Eltern. Dass die Angst vor der Trennung der Eltern unmittelbar neben der existenziellen Angst vor dem Untergang der Welt genannt wird, zeigt, wie schwer die Sorge über eine mögliche Scheidung von Mama und Papa für die Kinder wiegt. Auf Platz 3 dieser Negativ-Hitliste, aber ganz klar abgeschlagen, folgt die Angst vor dem Tod. Noch weiter hinten kommt die Angst vor Krankheiten und Enttäuschungen.

> Es sind vor allem zwei große Ängste, die die Kinder beschäftigen: die vor dem Untergang der Welt und die vor der Trennung der Eltern.

Uns interessieren aber vor allem die Wünsche und Träume der Kinder, da sie Aufschluss darüber geben sollen, wie die Kinder sich ihr Leben ausmalen. Manche der Antworten sind traurig, manche extrem lustig und manche stimmten einen sehr nachdenklich. Sie erlauben uns Erwachsenen einen wertvollen Blick in die Gedankenwelt von Kindern.

Was sich unsere Kinder wünschen

Die zehnjährige Tina war sehr traurig, als wir sie fragten, was sie sich wünscht. Sie sagte: „Ich wünsche mir, dass meine Lehrerin mir mal richtig zuhört und mich ernst nimmt."

Elisabeth wünscht sich mit ihren acht Jahren, dass ihre Eltern sich nicht dauernd streiten und sich auch mal mit ihr und ihrer Schwester beschäftigen.

Mike hat den großen Wunsch, dass seine Mama zu seinem neunten Geburtstag aus dem Krankenhaus kommt und dann vom Krebs geheilt ist.

Joschi würde so gerne mal in Urlaub fahren oder seinen Vater kennenlernen, aber am allermeisten wünscht er sich, dass seine Mutter genug Geld hat, damit sie sich nicht mehr so viele Sorgen machen muss.

Die schlaueste Antwort auf die Frage nach seinem größten Wunsch gab Silas: „Ich würde mir hundert weitere Wünsche wünschen", sagte er.

Rebekka wünscht sich wie Elisabeth, dass ihre Eltern mehr Zeit für sie haben. Sie würde sogar auf ihr Taschengeld von 30 Euro im Monat verzichten, damit ihr Wunsch in Erfüllung geht, denn das neunjährige Mädchen fühlt sich oft allein.

Der elfjährige Ali wünscht sich, dass seine Eltern besser Deutsch lernen, damit sie auch deutsche Freunde finden.

Kelly, die aus sehr schwierigen familiären Verhältnissen kommt und mit ihren sechs Jahren extrem in sich gekehrt und stark verhaltensauffällig ist, wünscht sich Flügel. Mit diesen Flügeln möchte sie weit weg fliegen – weg von den Problemen zu Hause.

Jessica, Cindy, Eva und Grit sind Freundinnen. Die Eltern aller vier Mädchen sind geschieden, und die Kinder teilen gemeinsam das Leid, dass zu Hause immer schlecht über den jeweils anderen Elternteil gesprochen wird. Jedes der Mädchen wünscht sich, davon nichts mehr hören zu müssen, da sie ja alle beide Eltern lieb haben.

Mark, neun Jahre alt, wünscht sich, dass seine Eltern nicht mehr so viel trinken, wenn sie Sorgen haben, denn dann ist es zu Hause immer unerträglich, und er wird immer schon um 19:30 Uhr ins Bett geschickt.

Andreas wünscht sich, dass seine Eltern ihn nicht immer wie ein kleines Kind behandeln, sondern vernünftig mit ihm reden; immerhin ist er doch schon elf Jahre alt.

Jörg, René und Tobias wünschen sich für ihre Eltern einen Arbeitsplatz, weil es ihnen dann besser geht und Mama und Papa dann wieder Hoffnung haben.

Der neunjährige Peter wünscht sich, dass die Politiker die Strompreise nicht so teuer machen, denn er und seine Familie mussten schon einmal einen Monat ohne Strom auskommen, weil „die" den Strom abgeklemmt hatten. Mama musste dann immer beim Nachbarn warmes Wasser für das kleine Schwesterchen holen, damit es sein Fläschchen bekommen konnte.

> Bei allen Kindern merkte man, wie sehr sie ihre Familien liebten und dass sie sich nach Geborgenheit, Zusammenhalt und Harmonie sehnten.

Die meisten der Kinder wünschen sich ein „Ticket in den Himmel", außerdem, dass sie später einmal eine glückliche Familie und ein gutes Leben haben. Wichtig ist ihnen auch, einmal einen guten Beruf ausüben zu können, das haben sogar schon sehr viele Kids zwischen zehn und elf Jahren als Wunsch angegeben. Auch der Wunsch nach Frieden hatte bei den befragten Kindern eine große Bedeutung. Die meisten Wünsche bezogen sich aber auf die Situation zu Hause, auf die Eltern und die Geschwister. Bei allen Kindern merkte man, wie sehr sie ihre Familien liebten und dass sie sich nach Geborgenheit, Zusammenhalt und Harmonie sehnten. Doch leider machten die Antworten vieler Kinder auch deutlich, dass sie oft das Gefühl haben, nicht verstanden zu werden, und dass sie sich doch gerade das so sehr wünschen.

Natürlich gab es auch Kinder, die sich eine Villa, ein großes Auto, ein Pferd, ein Handy oder eine Playstation wünschten, aber das waren nur wenige. Kinder können ganz genau unterscheiden, was nur für einen Moment und was für die Zukunft wichtig ist.

Die Aktion in der Hamburger Arche war nur der Beginn einer deutschlandweiten Umfrage. Unterstützt wurden wir dabei von der *Bepanthen*-Kinderförderung, die im Sommer 2008 unter wissenschaftlicher Aufsicht eine Studie unter 200 Kindern im Alter zwischen 6 und 13 Jahren durchführte, die viel Aufschluss über die Vorstellungen insbesondere von sozial benachteiligten Kindern im Hinblick auf ihre Zukunft gibt. Darüber hinaus ließen wir Kinder aus verschiedenen Schulen und Vereinen in Deutschland befragen. Auf diese Weise konnten wir schließlich die Wünsche und Träume von Hunderten von Kindern zusammentragen.

Die Kinder haben klare Wünsche und Träume für ihre Zukunft, und sie sind motiviert, ihr Leben zu meistern.

Insgesamt lassen sich die vielen Antworten der Kinder in vier „Hauptwünsche" zusammenfassen. Sie wünschen sich …

1. das Gefühl, willkommen zu sein,
2. Zeit und Zuneigung von Erwachsenen,
3. Förderung und Forderung,
4. eine Perspektive.

Ergebnisse der Bepanthen-Studie

Der Anspruch der *Bepanthen*-Kinderarmutsstudie ist es, sowohl die konkreten Erfahrungen der Kinder mit Benachteiligung und begrenzten Spielräumen darzustellen, als auch die Ressourcen, über die sie noch verfügen, und ihre Stärken und Möglichkeiten sichtbar zu machen.

Diese Studie kam zu dem Ergebnis, dass die große Mehrheit der befragten Kinder trotz widriger sozialer Lebensumstände davon ausgeht, dass ihr Leben „richtig schön" wird. Außerdem sind die Kinder der Überzeugung, sie könnten viele Dinge gut und würden ihre Probleme auch in Zukunft gut lösen. Sie haben klare Wünsche und Träume für ihre Zukunft, und sie sind motiviert, ihr Leben zu meistern. Und – auch das zeigt die *Bepanthen*-Studie – sie gehen davon aus, dass sie Menschen an ihrer Seite haben werden, die ihnen dabei helfen.

Aber ist das wirklich so?

In jedem Kind steckt Potenzial. Eine Voraussetzung dafür, dass es auch zur vollen Entfaltung kommt, ist die gesunde Entwicklung des Kindes. Dafür, dass die gewährleistet ist, sind verschiedene Faktoren verantwortlich. Entscheidend ist zum Beispiel ein liebevolles Umfeld, in dem dem Kind Geborgenheit vermittelt wird, in dem ihm ausreichend Aufmerksamkeit geschenkt wird und in dem ihm Werte vermittelt werden. Darüber hinaus muss es seinem Alter entsprechend geistig gefordert und gefördert werden. Dazu kommt die Unterstützung der körperlichen Entwicklung durch gesunde Ernährung und ausreichend Bewegung. Doch diese Dinge sind leider viel zu häufig nicht gegeben, wie wir im Laufe des Buches aufzeigen werden. Viel zu viele Kinder bleiben heute in unserem Land auf der Strecke – von den Eltern hängen gelassen, von der Gesellschaft ausgeschlossen, von der Politik vergessen.

Natürlich, die Verantwortung für die gesunde Entwicklung der Kinder hin zu verantwortungsbewussten

Viel zu viele Kinder bleiben heute in unserem Land auf der Strecke – von den Eltern hängen gelassen, von der Gesellschaft ausgeschlossen, von der Politik vergessen.

und lebensfähigen Erwachsenen liegt zunächst einmal bei den Eltern, doch viele sind offensichtlich dazu nicht in der Lage – leider. Aber gibt uns das das Recht, die Augen vor dem Ergehen der Kinder in unserem Land zu verschließen, nur weil es nicht unsere eigenen sind?

Wir sind der Meinung: Nein.

Alle Kinder haben die gleichen Rechte

Der 20. November 1989 war für die Kinder in aller Welt ein wichtiger Tag. Die Generalversammlung der Vereinten Nationen beschloss mit großer Mehrheit die UN-Kinderrechtskonvention, durch die die Rechte der Kinder in allen UN-Mitgliedstaaten gesichert werden sollten. Zuvor waren die Rechte von Kindern nur am Rande in den internationalen Menschenrechtserklärungen erwähnt worden.

In der Kinderrechtskonvention werden zehn Grundrechte für Kinder festgehalten:

1. das Recht auf Gleichbehandlung und Schutz vor Diskriminierung, unabhängig von Religion, Herkunft und Geschlecht
2. das Recht auf einen Namen und eine Staatszugehörigkeit
3. das Recht auf Gesundheit
4. das Recht auf Bildung und Ausbildung
5. das Recht auf Freizeit, Spiel und Erholung
6. das Recht, sich zu informieren, sich mitzuteilen, gehört zu werden und sich zu versammeln
7. das Recht auf Privatsphäre und eine gewaltfreie Erziehung im Sinne der Gleichberechtigung und des Friedens

8. das Recht auf sofortige Hilfe in Katastrophen und Notlagen und auf Schutz vor Grausamkeit, Vernachlässigung, Ausnutzung und Verfolgung
9. das Recht auf eine Familie, elterliche Fürsorge und ein sicheres Zuhause
10. das Recht auf Betreuung bei Behinderung

Einige Politiker waren damals, 1989, sehr optimistisch, dass nun alle Kinder in Deutschland die gleichen Chancen haben würden.

Nun, die gleichen Rechte haben sie wohl, die gleichen Chancen aber deshalb noch lange nicht. Die Existenz der Rechte allein genügt nicht, solange sich niemand dafür einsetzt, dass sie den Kindern auch zukommen.

Alle Kinder in unserem Land haben die gleichen Rechte. Die gleichen Chancen haben sie deshalb aber noch lange nicht. Die Existenz der Rechte allein genügt nicht, solange sich niemand dafür einsetzt, dass sie den Kindern auch zukommen.

Nehmen wir nur einmal das Recht auf Freizeit, Spiel und Erholung. Wie wichtig ist es für die Entwicklung eines Kindes, dass es seine Freizeit seinem Alter entsprechend gestalten kann! Kinder brauchen Ausgleich, sie brauchen Orte, an denen sie ihre Fähigkeiten und Fertigkeiten entdecken und entwickeln können. Vielen Kindern in unserem Land ist das leider nicht möglich. Zum einen, weil sie in ihren Elternhäusern mit existenziellen Nöten konfrontiert werden, die es ihnen unmöglich machen, Kind zu sein, zum anderen, weil sie nicht die finanziellen Mittel haben, um an bestimmten Aktivitäten und Erfahrungen teilzuhaben. So können sie sich zum Beispiel nicht den Mitgliedsbeitrag in einem Sportverein oder aber Musikunterricht leisten. Oft ist nicht einmal Geld für einen Zoobesuch da. Diese Erfahrungen machen wir täglich in unseren Archen in ganz Deutschland. Kinder, die in Deutschland in Armut aufwachsen, sind in fast allen Erfahrungsbereichen durch ganz konkret benennbare und empirisch belegte Unterversorgungsaspekte beeinträchtigt.

Ein weiteres Recht von Kindern, das in der UN-Charta der Kinderrechte festgehalten ist, ist das Recht auf Gesundheit. Auch die billigen wir vielen Kindern nicht zu – zumindest setzen wir uns nicht aktiv genug dafür ein. Falsche Ernährung zu Hause, kein Geld für ein Schulessen und kein Geld für den Arztbesuch – das ist die Realität für unzählige Kinder in Deutschland.

Und wie sieht es mit dem Recht auf Bildung aus? Zwei Beispiele: Von den Kindern der Arche, von denen die allermeisten aus Hartz-IV-Familien kommen, kennen wir nur zwei Kinder, die aufs Gymnasium gehen. Und keins der Arche-Kinder kann sich Nachhilfeunterricht oder eine individuelle Förderung außerhalb der Schule leisten. Dafür ist schlicht und einfach kein Geld vorhanden. Dieses Privileg ist Kindern vorbehalten, die besser verdienende Eltern haben.

> Fast 38 % aller Kinder in Berlin leben von Hartz IV, in Gesamtdeutschland ist es inzwischen jedes sechste Kind, und die Tendenz dieser Zahlen ist stark steigend.

In dieser schlechten Situation befinden sich übrigens nicht nur unsere Arche-Kinder. In Berlin lebt jede zweite alleinerziehende Mutter von Hartz IV. 55 % aller Familien mit mehr als zwei Kindern leben im Schaufenster der Republik von Sozialleistungen. Fast 38 % aller Kinder in Berlin leben von Hartz IV, in Gesamtdeutschland ist es inzwischen jedes sechste Kind, und die Tendenz dieser Zahlen ist stark steigend.

Natürlich liegen viele der genannten Probleme zunächst einmal in der Verantwortung der Eltern. Und natürlich kann man sagen, dass die Transferleistungen, die diese erhalten, hoch genug sind, um die angemessene Versorgung der Kinder zu gewährleisten. Aber offensichtlich gibt es viele Eltern, die sich entweder verantwortungslos ihren Kindern gegenüber verhalten, indem sie zum Beispiel das Geld, das ihnen zur Verfügung gestellt wird, für die falschen Dinge ausgeben. Oder aber sie sind einfach nicht in der Lage, ihre Verantwortung wahrzunehmen, weil sie bereits mit ihren eigenen Problemen überfordert sind.

Hier ist letztendlich der Staat gefordert, ebenso wie die Gesellschaft. Die Haltung gegenüber unseren Kindern – und nicht nur gegenüber unseren eigenen – in unserem Land muss sich grundlegend verändern. Insbesondere der Bildungsaspekt kann aus wissenschaftlicher Sicht als wichtiger Beitrag zur Verbesserung der Chancengleichheit gegenüber sozial privilegierten Kindern herausgestellt und zukünftig stärker betont werden.

Die Kinder in unserem Land brauchen unsere Unterstützung! Wenn sie keine positiven Vorbilder haben, die ihnen vermitteln, wie sie ihr Leben sinnvoll gestalten und ihre Energien in positive Bahnen lenken können, verlieren sie irgendwann ihre Ziele aus den Augen, sie verlieren ihre Hoffnung – und wir verlieren die Zukunft unseres Landes.

Ziele dieses Buches

In diesem Buch wollen wir uns deshalb einmal anschauen, welchen Stellenwert Kinder heute in unserer Gesellschaft haben, und aufzeigen, weshalb es so wichtig ist, dass wir unsere momentane Haltung überdenken und vor allem ändern. Denn wir glauben, dass wir ansonsten nicht nur unzähligen Kindern in unserem Land Unrecht tun, sondern darüber hinaus unserem Land die Chance auf eine hoffnungsvolle Zukunft nehmen. Wie wir sehen werden, sind vor allem die Bereiche, auf die sich die Wünsche der Kinder beziehen, diejenigen, bei denen einiges im Argen liegt.

Wir wollen außerdem Porträts von Kindern vorstellen, die in unserem Land aufwachsen. Sie sollen einen Einblick in die tägliche Realität geben, in der diese Kinder leben, und sie selbst zu Wort kommen lassen.

Uns ist es wichtig, dass die Kinder gehört werden, dass sie ihre Wünsche und Träume äußern dürfen. Und wir wünschen uns, dass sie von Menschen gehört werden, die bereit sind, sich für diese Kinder einzusetzen – Menschen aus der Politik, der Wirtschaft und auch Privatpersonen.

Wir alle müssen erkennen, dass es sich lohnt, um jedes Kind in Deutschland zu kämpfen und in jedes zu investieren – nicht nur aus wirtschaftlichen Gründen. Denn diese Investitionen kommen uns, langfristig gesehen, immer noch billiger, als wenn wir später für die Hälfte aller Kinder Transferleistungen bezahlen müssen.

In den Kindern in unserem Land steckt jede Menge Potenzial, Kreativität, Schaffenskraft und Energie – wir müssen diese Schätze nur endlich heben!

Viel wichtiger als wirtschaftliche Überlegungen ist aber das, was unserer Gesellschaft mit jedem Kind verloren geht, das keine Bildung, keine reellen Chancen und keine klare Zukunftsperspektive bekommt. Es gibt jede Menge Potenzial, Kreativität, Schaffenskraft und Energie – wir müssen diese Schätze nur endlich heben!

Kapitel 1

Der Wunsch, willkommen zu sein

Kinder – Warenwert oder wahrer Wert?

Viele Kinder in unserem Land sehnen sich nach einem Gefühl der Geborgenheit und Zuneigung, einem Gefühl, das ihre Eltern ihnen oft nicht geben oder nicht geben können. Häufig sind sie zu Hause neben den sonstigen Problemen nur ein weiterer Klotz am Bein, und das wird ihnen auch deutlich vermittelt. Dabei wünschen sie sich so sehr, einmal erfahren zu dürfen, dass sie gewollt sind, dass jemand froh darüber ist, dass sie da sind.

Doch auch in unserer Gesellschaft sind Kinder immer weniger willkommen, was womöglich daran liegt, dass sie sich langsam, aber stetig von Kindern „entwöhnt".

Von Menschen, die keine Kinder wollen

Im April 2009 wurde unser Land wieder einmal wachgerüttelt, wenn auch leider nur für kurze Zeit: Das Statistische Bundesamt gab bekannt, dass für das Jahr 2008 mehr Sterbefälle (ca. 2,4 % mehr) und weniger Geburten (1,1 % weniger) als im Vorjahr zu verzeichnen waren. Konkret heißt das: Es gab 168.000 weniger Geburten als Sterbefälle. Gerade einmal 675.000 Kinder wurden 2008 in Deutschland geboren – 8.000 weniger als im Vorjahr. Dieser Tendenz folgen wir nun bereits seit einigen Jahren, wenn man von einem kurzfristigen Anstieg der Geburtenrate im Jahr 2007 absieht.

Der Kinderwunsch der Deutschen ist also offensichtlich nicht mehr besonders ausgeprägt. Woran liegt das? Sicher, der Reiz eines unabhängigen Lebens ist groß. Wir leben derzeit in einer gesellschaftspolitischen Phase der materiellen Ablenkungen. Das Leben hat in den Augen der jungen Menschen in unserem Land Attraktiveres zu bieten als Kinder und Familie.

Beruf und Studium stehen bei vielen an erster Stelle. Zum einen, um sich selbst zu verwirklichen und sich ein Stück weit soziale Anerkennung zu holen, aber natürlich auch, um nach einer teuren Ausbildung möglichst schnell eigenes Geld zu verdienen, damit man sich etwas leisten kann. Ein schönes Auto, vielleicht die eigenen vier Wände, und auch sonst lässt man es sich gern gut gehen. Auch die Hobbys kosten so ihr Geld. Alles Dinge, die ohne Kinder besser zu realisieren sind als mit.

Kürzlich schrieb eine Mutter in einem Leserkommentar: „Ich sehne mich zurück in die kinderlose Zeit. Man konnte sich etwas leisten und richtigen Urlaub machen. Seit dem Kind ist damit Schluss. Das Kindergeld wurde um zehn Euro erhöht, na klasse."[1]

„Kinder machen arm" – das scheint die vorherrschende Meinung in unserem Land zu sein.

Wie viel „kostet" eigentlich ein Kind?

Aber wie viel Geld „kostet" eigentlich ein Kind bis zur Volljährigkeit? Eine deutsche Verbraucherzeitschrift hat das im Mai 2009 ausgerechnet.

Im Durchschnitt sind es 121.752 Euro, die Ausbildung eines Kindes nicht mitgerechnet. Schauen wir uns einmal an, wie diese Summe zustandekommt: Im statistischen Schnitt betragen die monatlichen Ausgaben für ein Kind von der Geburt bis zum 6. Lebensjahr 468 Euro. In der ersten Zeit kostet ein Kind besonders viel, weil alles neu angeschafft werden muss. Hier belasten vor allem die Ausgaben für Kinderwagen, Kleidung und Windeln die Haushaltskasse. Ein größerer Kostenblock ist in dieser ersten Zeit auch die Einrichtung eines Kinderzimmers, das mit durchschnittlich 8.500 Euro zu Buche schlägt.

Später relativieren sich die monatlichen Belastungen dann. Das meiste Geld wird für Nahrungsmittel ausgegeben. Dafür muss man von der Geburt bis zum 6. Lebensjahr durchschnittlich 6.048 Euro im wahrsten Sinne des Wortes auf den Tisch legen. Die Kosten für Freizeitaktivitäten sind in dieser Altersgruppe der zweithöchste Posten. Dafür zahlen die Eltern 5.472 Euro. Der Betrag, der für Bildung ausgegeben wird, liegt gerade einmal bei 2.952 Euro.

Das Leben hat in den Augen der jungen Menschen in unserem Land Attraktiveres zu bieten als Kinder und Familie.

Allgemein gilt nach den Berechnungen des Statistischen Bundesamtes vor allem für diese Altersgruppe: Je mehr Kinder in einem Haushalt leben, desto geringer sind die Pro-Kopf-Ausgaben. Der Grund dafür liegt auf der Hand: Bei weiteren Kindern muss natürlich nicht alles neu angeschafft werden.

Die Gesamtkosten für die folgenden Jahre bis zum Beginn des 13. Lebensjahres liegen bei 568 Euro im Monat. Hier steigen vor allem die Ausgaben für Spielzeug, Medien, Unterhaltungselektronik und Kleidung. Oft wollen die Kinder dann auch ein eigenes Zimmer und erheblich mehr Platz. In diesem Zeitraum entscheiden sich viele Eltern für einen Hausumbau oder für einen

Umzug. Der höchste Kostenanteil geht jetzt mit 9.432 Euro für die Miete drauf. Die Bildung wird mit 2.520 Euro fast zum Verlierer. Da ist sogar noch der Anteil für Verkehrsnutzung – darin ist vor allem auch das Auto der Eltern enthalten – mit 2.952 Euro ein Stückchen höher.

Die Teenagerjahre bis zur Volljährigkeit kosten dann richtig Geld. Hier liegen die monatlichen Ausgaben bei durchschnittlich 655 Euro. Das Älterwerden des Nachwuchses treibt die Kosten für Ernährung auf 10.800 Euro. Die Kinder wollen ein größeres Zimmer mit neuen Möbeln; der Mietanteil steigt damit auf 12.240 Euro. Für Möbel werden ungefähr 2.448 Euro hingeblättert. Die Freizeitkosten liegen bei 6.642 Euro. Absolutes Schlusslicht in der Tabelle ist wieder die Bildung mit nur 720 Euro.

Doch mit dem 18. Lebensjahr haben die Ausgaben für ein Kind normalerweise ja noch kein Ende. Ein großer Teil der Kosten kommt erst danach – während der Ausbildungszeit. Hier zählen vor allem die Gebühren für die Universität sowie die Lebenshaltungskosten. Ein Student ist beim Abschluss seines Studiums durchschnittlich 28 Jahre alt. Bis zum 27. Lebensjahr stehen die Eltern in der Unterhaltspflicht, solange sich ihr Kind in der Ausbildung befindet.[2]

Im Durchschnitt kostet ein Kind bis zum 18. Lebensjahr 121.752 Euro.

Diese Zahlen lassen einen vielleicht erst einmal schlucken, und viele schrecken sie offensichtlich auch von dem Gedanken ab, eine größere Familie zu gründen. Da zählt der wahre Wert eines Kindes, der mit Geld nicht aufzurechnen ist, dann auch nichts mehr.

Ein Abhilfe-Versuch vonseiten des Staates

Der Staat hat das Problem der rückläufigen Geburtenzahlen schon vor einiger Zeit erkannt und nach

Lösungen gesucht. Ein Versuch, den Kinderwunsch junger Paare in unserem Land anzukurbeln, war die Einführung des Elterngelds. Eltern, die für die Erziehung ihres Kindes aus dem Beruf aussteigen, erhalten bis zu 14 Monate lang als Lohnersatz 67 % ihres bisherigen Nettolohns, maximal aber 1.800 Euro. Langzeitarbeitslose bekommen einen Sockelbetrag von 300 Euro monatlich, der nicht auf das Arbeitslosengeld II angerechnet wird. Diese Zahlung sollte vor allem hoch qualifizierten Karrierefrauen den zeitlich begrenzten Ausstieg aus dem Beruf zugunsten eines Kindes erleichtern.

Gebracht hat diese Maßnahme bisher allerdings wenig. Im Jahr 2007 schien das Modell zwar zunächst gut zu funktionieren, denn die Geburtenraten in unserem Land stiegen hoffnungsvoll an – sehr zur Freude unserer Politiker, die nun auf einen großen Babyboom hofften. Doch die Euphorie wurde schnell wieder getrübt. Bereits 2008 sank die Zahl der Neugeborenen wieder erheblich. Kritiker werteten deshalb das Elterngeld als „Scheinerfolg" oder „Strohfeuer", und inzwischen geht man davon aus, dass im Jahr 2007 vor allem diejenigen Frauen Kinder bekamen, die ohnehin einen Kinderwunsch hegten und sich über die zusätzlichen Leistungen des Staats freuten.

Schon im Folgejahr entschieden sich die Frauen, für die diese Förderung ursprünglich gedacht war, nach wie vor größtenteils gegen Kinder. Von den ersten 750.000 Kindern, deren Eltern bis Mitte 2008 Ansprüche auf das Geld vom Staat geltend machten, stammten nicht einmal 5 % von hoch qualifizierten Karrierefrauen.

> Ein Versuch, den Kinderwunsch junger Paare in unserem Land anzukurbeln, war die Einführung des Elterngelds. Gebracht hat diese Maßnahme bisher allerdings wenig.

Der Grund dafür ist wohl der folgende: Das Elterngeld hilft nur kurzfristig in den ersten 12 – höchstens 14 – Monaten. Danach kommen die Frauen nur schwer wieder in ihren Beruf zurück. Die angestrebte Karriere ist dann oft „im Eimer". Zudem bedeutet ein Kind trotz Kindergeld große Einbußen.

Dieser Plan, die Akademikerinnen in unserem Land für Kinder zu begeistern, ging also wohl nicht auf.

Wer bekommt die Kinder in unserem Land?

Doch wie wirkte die „Anschubfinanzierung" bislang in den unteren Gesellschaftsschichten? Da brauchen wir uns nur viele junge Familien in den Ballungszentren anzuschauen, von denen ein großer Teil von Transferleistungen lebt. Diesen Familien wird es durch das Elterngeld wesentlich erleichtert, ihren Kinderwunsch umzusetzen. Immerhin erhöhen die Hilfen vom Staat das Familieneinkommen spürbar: Sie erhalten Kindergeld (zwischen 164 und 195 Euro), 300 Euro Elterngeld und dazu kommt bei sehr vielen der Hartz-IV-Regelsatz für Kinder (211 Euro für Kinder unter 13 Jahren).

Eine Untersuchung im Auftrag des Familienministeriums hat bestätigt: Für den Großteil der Familien mit weniger als 1.000 Euro Nettoeinkommen erhöht sich – anders als in den höheren Einkommensklassen – im Jahr der Geburt eines Kindes das verfügbare Einkommen. So ist das Elterngeld für die Familien, die allein von Transferleistungen leben, zumindest ein finanzieller – wenn auch nicht zwangsläufig der einzige – Anreiz, weitere Kinder zu bekommen.

Die Zahlen sprechen für sich: Gerade einmal 44 % der Frauen, die Babys bekommen, erhalten ein Elterngeld von 1.500 bis 1.800 Euro. Sie stammen aus der

Schicht, auf die das Förderprogramm eigentlich abzielt. Knapp 10 % erhalten einen Betrag zwischen 1.000 und 1.500 Euro. Dagegen bekommen rund 47 % den Mindestbetrag von 300 Euro. Das sind die Frauen aus der sogenannten sozialen Unterschicht. Diese Ergebnisse ermittelte eine Elternzeitschrift.

Wenn sich die momentane Tendenz fortsetzt, steht eins fest: Die sich bereits deutlich abzeichnende gesellschaftspolitische Schieflage wird immer mehr verstärkt. Die Schicht der Transferabhängigen reproduziert sich selbst. Die Finanzspritze vom Staat ist häufig ein zusätzlicher Anreiz, den ohnehin vorhandenen Kinderwunsch umzusetzen, und der ist in dieser Schicht oft schon früh vorhanden, da Kinder als Ausweg aus dem eigenen Dilemma erscheinen.

Bei uns in den Archen wünschen sich schon viele 12- oder 13-jährige Mädchen Kinder, um sich von ihrem Elternhaus lösen und die Schule abbrechen zu können. Die Kinder haben in ihren Familien oft keine Liebe erlebt und wollen deshalb ein eigenes Kind zum Kuscheln. Deshalb kennen wir viele Mütter, die schon in jungen Jahren drei oder vier Kinder haben, fast immer von unterschiedlichen Vätern, von denen die wenigsten noch da sind.

Die jungen Mütter sitzen in den kleinen und billigen Wohnungen an den Rändern unserer Städte. Sie finden keinen Job und bilden, wie schon ihre Eltern, eine weitere Generation, die mit der Sozialhilfe klarkommen muss. Das Tragische ist, dass sie ihren Kindern letztendlich auch nur das weitergeben können, was sie selbst bekommen und erlebt haben – und so entsteht ein fataler Kreislauf.

Ein brüchiges Fundament

Aber betrachten wir anhand der oben aufgeführten Rechnung zu den Kosten, die ein Kind mit sich bringt, doch einmal die Realität einer typischen Hartz-IV-Familie, die aus einer alleinerziehenden Mutter und zwei Kindern besteht.

Wenn wir davon ausgehen, dass ein Kind seine Eltern bis zu seinem 18. Lebensjahr 121.752 Euro kostet, müsste diese Mutter nach dieser Statistik für ihre zwei Kinder von der Geburt bis zur Volljährigkeit 243.504 Euro bezahlen. Sie hat aber insgesamt in diesem Zeitraum für sich und ihre Kinder nur ca. 220.000 Euro zur Verfügung, also deutlich weniger als allein die durchschnittlichen Kosten für ihre beiden Kinder. Die 220.000 Euro setzen sich zusammen aus dem Kinder-Hartz-IV-Regelsatz von 211 Euro pro Kind und Monat, dem monatlichen Hartz-IV-Regelsatz für die Mutter selbst (351 Euro), dem monatlichen Kindergeld für zwei Kinder von momentan 328 Euro und ein Jahr lang Elterngeld (300 Euro) jeweils für die beiden Kinder. Das Kindergeld wird der Mutter als Einkommen zugerechnet und mit der Hartz-IV-Zahlung verrechnet. Damit verringert sich ihr Transfergeld deutlich.

Die Mutter hätte nach dieser Rechnung weniger als die durchschnittlichen Kosten für ihre Kinder und kein Geld für sich zur Verfügung. Es entsteht sogar ein fünfstelliges Haushaltsloch. Kann man also mit so wenig Geld Kinder gut ausgebildet großziehen und selbst überleben?

Gespart wird in diesen Haushalten, das zeigen unsere Erfahrungen, vor allem an der Qualität des Essens und an der Bildung. So kennen wir zum Beispiel unter den bisher vielen Tausend jungen Arche-Besuchern aus den vergangenen 14 Jahren kein Kind, das es auf die Universität geschafft hat. Leider.

Diese fehlende Bildung und auch die falsche und schlechte Ernährung der Kinder sind wahrlich ein brüchiges Fundament für die Zukunft.

Der wahre Wert von Kindern

Es ist traurig genug, dass der Wert von Kindern in unserer Gesellschaft an Geld gemessen wird und finanzielle Überlegungen angestellt werden, um abzuwägen, ob man sich ein Kind überhaupt „leisten" kann. Aber mindestens genauso traurig ist es, dass wir uns nicht um die Kinder kümmern, die bereits in unserem Land leben.

Wieso investieren wir nicht in sie? Warum nutzen wir nicht die Tatsache, dass Kinder noch offen und bereit sind, sich der Zukunft zu stellen – egal, ob sie aus einer Akademiker- oder einer Sozialhilfeempfängerfamilie kommen? Sie wollen ihr Leben gestalten und mit Sinn füllen – das zeigen die Wünsche, die sie äußern, wenn man sie danach fragt. Wenn wir sie der Hoffnungslosigkeit überlassen, die um sie herum herrscht, wird diese auch bald von ihnen Besitz ergreifen, und dann sieht es düster für unser Land aus.

Fehlende Bildung und auch die falsche und schlechte Ernährung der Kinder sind ein brüchiges Fundament für die Zukunft.

Kinder – ob arm oder reich – sind unser größter Schatz. Das muss unsere Gesellschaft begreifen, ehe es zu spät ist. Und sie muss ihnen zeigen, dass sie willkommen sind.

Die folgenden Porträts stellen uns Kinder aus verschiedenen sozialen Hintergründen vor. Den meisten von ihnen fehlt ein Umfeld, das ihnen vermittelt, dass sie willkommen sind. Sie müssen damit zurechtkommen, dass man sie allein lässt mit sich und ihrer Zukunft.

Doch auch sie haben Wünsche und Träume für diese Zukunft, die zum großen Teil gut und wichtig sind. Wenn sie doch nur jemand wahrnehmen und ernst nehmen würde ...

Max und Emmi

Es war der erste Dienstag im Juni, ein unvergesslicher Tag für alle, die die folgende Geschichte miterlebten.

Max hatte Geburtstag, seinen siebten, und er freute sich riesig darauf. Schon seit Tagen erzählte er allen seinen Freunden, dass er am folgenden Dienstag Geburtstag haben würde.

Max, seine Schwester Emmi und seine Mutter kamen seit zwei Jahren in die Arche. Anfangs waren sie alle drei sehr verschlossen. Damals hatte die Mutter mit den beiden Kindern gerade ihren Lebensgefährten verlassen, weil der immer häufiger um sich geschlagen und auch die Kinder nicht verschont hatte. Die kleine Familie lebte eine Zeit lang nur vom Kindergeld, da es der Mutter peinlich war, Hartz IV zu beantragen. Aber die paar Euro reichten nicht, um die Wohnung zu bezahlen, und so standen sie irgendwann schließlich fast auf der Straße.

Die Mutter nahm nicht gern Hilfe an, aber aus Verantwortung ihren Kindern gegenüber öffnete sie sich schließlich unseren Mitarbeitern und erzählte, wie es um sie stand. Sie wollte wieder auf die Füße kommen, ihren Kindern eine gute Mutter sein und das Leben in den Griff bekommen.

Es dauerte seine Zeit, bis alle Behördengänge getätigt waren, und der Frau fiel es nicht leicht, all die

Formulare auszufüllen, die häufig in einer Sprache geschrieben sind, die selbst studierte Menschen ins Grübeln bringt. Allein war es für sie nicht zu schaffen, den Behördendschungel zu durchdringen.

Eine Zeit lang lebte die dreiköpfige Familie bei einer Arche-Mitarbeiterin, so lange, bis vom Amt eine Wohnung bewilligt wurde und das erste Geld floss. Umso größer war die Freude über die eigenen vier Wände und die Hoffnung auf eine bessere Zukunft.

Nach und nach ließen auch Max und Emmi die Vergangenheit hinter sich und tauten langsam auf. In der Arche lernten die beiden schnell neue Freunde kennen und bauten außerdem gute Beziehungen zu unseren Mitarbeitern auf.

Einmal erzählte Max einer Praktikantin ganz stolz, dass er zwei Väter hätte. Auf Nachfragen, wer die denn seien, antwortete Max: „Der erste ist mein richtiger Vater, aber der ist doof, der hat mich immer verprügelt. Aber mein anderer Vater ist Bernd, dem kann ich alles sagen!"

Ich erzähle das nicht etwa, weil ich stolz auf diese Aussage des Jungen bin, sondern um deutlich zu machen, wie viel Vertrauen das Kind in der kurzen Zeit zu uns gewonnen hat. Max entwickelte sich von einem eher zurückhaltenden zu einem sehr aufgeschlossenen Kind.

Max und Emmi waren so freundlich und zuvorkommend, dass man kaum glauben konnte, dass ihre Vergangenheit von so vielen Schwierigkeiten gezeichnet gewesen war. Oft stellten sie ihre eigenen Wünsche zurück und sorgten sich stattdessen um ihre Mutter, die einfach keine Arbeit fand und dadurch mittlerweile psychisch und sogar körperlich angeschlagen war.

Wenn wir auf unserer Kinderparty, die jeden Dienstag in der Berliner Arche stattfindet, die Kinder fragten,
wer laut beten möchte, meldete sich immer auch Max.
Allerdings bat er Gott nicht um eine spannende Kinderparty wie viele der anderen Kinder, nein, er betete
jedes Mal dafür, dass es seiner Mutter gut gehen sollte.
Sie war ihm das Wichtigste im Leben. Ich weiß noch,
dass andere Kinder nach seinem Gebet oft sagten: „Der
betet ja immer dasselbe!"

Ich erklärte den Kindern dann, dass das für Max eben
sehr wichtig sei. So etwas verstehen unsere Kids gut,
denn die meisten denken mehr an ihre Eltern als an sich
selbst. Das Gebet gab Max Hoffnung, und die brauchte
er dringend. Für manche Kinder ist so ein Gebet nur ein
Strohhalm, aber einer, der in einer ausweglosen Situation Licht am Ende des Tunnels erhoffen lässt.

Leider besserte sich die Situation der Mutter nicht.
Schließlich verlor sie wieder ihre Wohnung. Glücklicherweise konnte sie aber mit ihren Kindern bei einer
Freundin unterkommen. Das Ganze war ein herber
Schlag für die Mutter, die doch eigentlich alles besser
machen wollte als in der Vergangenheit. Die Kinder
blieben aber weiter hoffnungsvoll.

Nun wurde Max also sieben und freute sich auf den
Nachmittag in der Arche, denn er wusste genau, dass
es jeden Monat eine Geburtstagsfeier für alle Kinder
gibt, die in diesem Monat ein Jahr älter werden, und
dass jeder unserer kleinen Besucher zu seinem Geburtstag auch ein Geschenk bekommt. Viele unserer
Kids bekommen zu Hause nur eine Kleinigkeit, und
um Freunde einzuladen und richtig zu feiern, fehlt den
Eltern ebenfalls das Geld.

Als Max und seine Schwester aufbrachen, um sich
auf den Weg zur Arche zu machen, gab ihre Mutter

ihnen einen Brief für die Mitarbeiter mit. Nun war die Spannung noch größer. Hatte die Mutter vielleicht auch noch eine besondere Überraschung für ihren Sohn?

In der Arche angekommen, sprangen die Geschwister vergnügt auf die erste Mitarbeiterin zu, die sie trafen, und gaben den Brief der Mutter ab. Dann liefen die beiden Kinder in den Speiseraum, um zusammen mit ihren Freunden zu essen.

Sicher kann sich jeder Leser vorstellen, dass wir bei so vielen Kindern ständig irgendwelche kleinen Zettel und Briefchen bekommen. Auf meinem Schreibtisch sammeln sich unzählige solcher Nettigkeiten. Ein buntes Bild, eine hübsche Zeichnung oder einfach ein kurzer Satz wie: „Bernd, ich hab dich lieb", oder auch mal: „Bernd, du bist doof" oder „Bernd das Brot" – das sind nur einige von den täglichen „Liebeserklärungen". Natürlich hat man nicht immer Zeit, jeden Zettel sofort zu lesen, und man ist geneigt, die Briefe erst einmal in die Hosentasche zu stecken, aber unsere Mitarbeiterin muss in dem Moment wohl daran gedacht haben, was ich unseren Angestellten immer als Regel zu vermitteln versuche: „Behandelt jedes Kind so, als wäre es das einzige in unserer Einrichtung." Das ist natürlich bei so vielen Kindern nicht immer ganz einfach, aber sie öffnete den Brief sofort.

Was sie dann las, war tatsächlich eine Überraschung – aber leider keine schöne. Der Brief war ein Abschiedsbrief der Mutter. Sie schrieb von ihrer Unfähigkeit, sich um ihre Kinder zu kümmern, und bat uns, Emmi und Max dem Jugendamt zu übergeben.

Die beiden Polizisten, die wir an diesem Nachmittag holten, da wir auch Selbstmordabsichten bei der Mutter befürchteten, waren genauso schockiert wie wir. Doch wie fühlten sich wohl die Kinder? Max begriff trotz Anwesenheit der Polizei wohl noch gar nicht, was los war. Vielleicht wollte er auch einfach nicht wahrhaben, was geschehen war. Stattdessen bat er mich um sein Geburtstagsgeschenk, das ich ihm natürlich gern gab.

An diesem Abend durften die beiden Kinder in Absprache mit dem Jugendamt noch einmal bei der Freundin der Mutter schlafen, weil man hoffte, dass die Frau dorthin zurückkommen würde.

Gegen 21:00 Uhr riefen wir bei der Freundin an, um zu fragen, wie es den Kindern ging. Es war schauderhaft: Emmi wollte nur mit ihrem Bademantel bekleidet und barfuß durch Berlin laufen, um ihre Mutter zu suchen, schrieb dann aber doch nur einen Brief an sie, der zwei Tage später in einer großen Berliner Zeitung veröffentlicht wurde. Darin stand: „Mama, es tut mir leid, wenn wir dir irgendetwas getan haben. Bitte komm zurück. Bitte!!"

Aber die Mutter kam nicht zurück.

Am nächsten Tag wurden die beiden Geschwister in einem Kinderheim untergebracht.

Leider durften die Kinder keinen Kontakt mehr zu uns haben, denn sie sollten die Chance bekommen, noch einmal ganz neu durchzustarten. Doch wie mögen Max und Emmi das Ganze wohl empfunden haben? Waren wir nicht ihre einzigen noch verbliebenen Bezugspersonen? Wir verstanden die (bürokratische) Welt nicht mehr. Besonders jetzt hätten sie Menschen gebraucht, denen sie vertrauen und ihre Sorgen mitteilen konnten. Nun waren die Kinder aber von allen verlassen, denen sie vertraut hatten, und mussten sich auf etwas ganz Neues einstellen. All ihre Wünsche, Träume und Hoffnungen auf bessere Zeiten für sie als Familie waren innerhalb von zwei Tagen vom Tisch gefegt worden, und sie mussten erst einmal wieder von Neuem lernen zu vertrauen.

Alle Bemühungen unserer Mitarbeiter, die Kinder zu besuchen, verliefen zunächst im Sande. Zwei Monate später – ich war gerade mit einer ganzen Horde Kinder im Sommerferienlager – bekam ich eine SMS. Eine unserer Sozialpädagoginnen hatte in der Sache keine Ruhe gegeben. Immer wieder hatte sie mit dem Amt, mit dem Heim und mit Personen, die es möglich machen konnten, dass die Kinder wenigstens ab und zu von uns hörten, telefoniert. Und nach langem Drängen hatte sie nun endlich Erfolg gehabt.

Emmi und Max ging es in dem Kinderheim, in dem sie untergebracht waren, den Umständen entsprechend gut, denn auch hier gab es Menschen, die das Wohl der Kinder im Auge hatten und den Kids mit ganzer Hingabe alles schenkten, was sie brauchten. Doch Max und seine Schwester vermissten uns – wir waren schließlich ihre Freunde.

Es waren nur wenige kurze Sätze, die ich per SMS von den beiden übermittelt bekam, aber sie rührten mich zu Tränen: „Hallo, Bernd. Es geht uns ganz gut. Wir vermissen euch. Wir lieben dich."

Diese Kinder hatten in ihrem kurzen Leben schon so viel erleiden müssen. Viele ihrer Wünsche und Träume sind wie Seifenblasen zerplatzt. Wie groß muss ihre Trauer um den Verlust ihrer Mutter sein, die bis zum heutigen Tag kein Lebenszeichen von sich gegeben hat, wie groß der Schmerz, nicht zu wissen, wie man der geliebten Mutter helfen soll! Und wie schwer muss es zu ertragen sein, dass eine unbeschwerte Kindheit der brutalen Realität weichen muss! Ich wünsche mir so sehr, dass die Mutter von Emmi und Max diese Zeilen liest und zurückkommt!

Niemand würde sie anklagen – ihre Kinder am wenigsten!

Ich las den Campteilnehmern die SMS vor, denn alle Kinder wussten von der traurigen Geschichte der beiden Geschwister. Alle applaudierten, pfiffen und jubelten, weil sie Max und Emmi als ihre Freunde betrachteten. Vielleicht fühlte auch der eine oder andere mit den beiden, weil er Angst hatte, dass die eigene Mutter womöglich eines Tages auch einfach gehen könnte.

Wie stark müssen diese Kinder sein? Kinder wie Emmi und Max müssen mit Dingen umgehen, die sie eigentlich überfordern. Wir brauchen mehr Pflegefamilien, die diese Kinder aufbauen, die ihnen ein Zuhause und ein Gefühl von Geborgenheit vermitteln können – das Gefühl, willkommen zu sein. Ohne solche Menschen ist die Zukunft dieser Kinder verloren, bevor sie richtig angefangen hat.

Basti

Basti ist zwölf Jahre alt und wohnt zusammen mit seinen Eltern und seinen vier Geschwistern in einem Stadtteil von Berlin, der als sozialer Brennpunkt gilt. Der Jüngste in der Familie hat ein eigenes Zimmer. Und dieses Zimmer ist, wie er uns berichtet, bestens ausgestattet – mit einem Keyboard, einer Playstation, einem DVD-Player und einem Fernseher.

Bastis Oma lebt ebenfalls in Berlin; der Junge hängt sehr an ihr. Mit ihr verbringt der Junge die meiste Zeit. Außer ihm mag keiner in der Familie die Oma. Basti aber ist gern bei ihr. Sie spielt mit ihm Karten oder schiebt ihn auf seinem Roller die Straße hinunter. Außerdem schenkt sie ihm immer diese kleinen Figuren aus Überraschungseiern.

Basti sagt, dass seine Eltern nie mit ihm spielen wollen, er weiß allerdings nicht, warum. Wirklich willkommen fühlt er sich zu Hause nicht. Wenn Basti drei Wünsche frei hätte, wäre einer davon, dass seine Eltern netter zu ihm wären.

Häufig verkriecht er sich vor ihnen in seinem Geheimversteck. Das befindet sich in einem Schrank in seinem Zimmer, aus dem er ein Regalbrett herausgenommen hat. Wenn seine Eltern ihn wieder einmal anschreien, kann er sich dorthin zurückziehen. Basti erzählt, dass er sich, wenn er zu Hause ist, häufig dort versteckt. Manchmal sitzt er auch einfach nur so in dem Schrank und liest.

Sein Vater sagt oft zu ihm, er soll sich doch vor den Fernseher setzen, und dann macht Basti das, wie er uns erzählt. Er guckt jeden Tag zwei bis drei Stunden fern. „Fernsehen" ist auch Bastis Antwort auf die Frage, was er denn zu Hause so machen kann. Um 0:00 Uhr schaltet er den Fernseher aber aus, weil seine Mutter sonst wieder schimpft.

Basti fühlt sich zu Hause wie 10, aber wenn er mal „den großen Macker schiebt", kommt er sich wie 15 Jahre vor.

Zur Schule fährt Basti mit der Straßenbahn. Sein größter Wunsch wäre es, wieder ein Fahrrad zu bekommen. Dann würde er damit in die Schule fahren. Er hatte schon einmal ein Fahrrad, aber das wurde ihm „auseinandergebaut", sagt er.

Nach der Schule kommt Basti oft in die Arche. An der Arche findet er vor allem die Autos gut, da sie Kindern ermöglichen, die Arche zu besuchen. Viele unserer Kinder müssen wir mit unseren Fahrzeugen abholen, da sie sonst nicht in die Arche kommen könnten. Geld für die Bahn oder den Bus ist fast nie da. Basti selbst ist zeitweise jeden Tag in der Woche da, dann wieder nur drei Tage die Woche. In den Ferien steht er oft schon frühmorgens vor der Tür, weil er in der Arche sein Frühstück nicht selbst machen muss wie zu Hause. Die Mutter ist mit der Erziehung ihrer Kinder eindeutig überfordert.

Basti findet es gut, dass man in der Arche kostenlos etwas zu trinken und zu essen bekommt. Er kommt aber auch wegen der vielen anderen Angebote in unsere Einrichtung: Kickern, Tischtennis und Billard mag er besonders gern. Außerdem findet er es gut, dass es in der Arche einen „heilen" Basketballkorb gibt. Der bei ihnen auf dem Hof vom Wohnblock ist nämlich ganz kaputt und hängt „fünf Meter hoch", wie er sagt.

Basti steckt voller Energie – leider weiß er sie oft nicht in die richtigen Bahnen zu lenken, und so schlägt er ab und zu andere Kinder. Keine bestimmten, sondern eben die, die ihm gerade über den Weg laufen. Warum er das tut, kann er nicht genau sagen.

Der Junge weiß noch nicht genau, was er später einmal für einen Beruf ausüben möchte. Es soll irgendwas etwas mit „fahren" zu tun haben.

Basti hat einen stark ausgeprägten Gerechtigkeitssinn. Er benennt immer wieder Regeln, die eingehalten werden sollten, oder Grundsätze, die er als wichtig empfindet. Basti sagt zum Beispiel, es sei wichtig, dass es Müllautos gebe, da sonst alle Abfalltonnen überfüllt wären und die Welt eine große Müllhalde würde. Auch findet Basti es sehr wichtig, dass Geschwindigkeitsbegrenzungen eingehalten werden, weil sonst Kinder von zu schnell fahrenden Autos angefahren werden können, wie er es schon miterlebt hat. Auch Straßennamen sind unverzichtbar, wie er sagt, da die Menschen sich dadurch auf ihrem Weg orientieren können oder sich an einem bestimmten Ort nach Vereinbarung abholen lassen können.

Basti hat schon mehrmals beobachtet, dass Menschen Sachen aus Altkleidercontainern klauten. Das kann er gar nicht verstehen, weil die Menschen doch Kleidung haben und sich neue Sachen leisten können und andere überhaupt nicht. Daher meckert Basti Leute, die er bei so etwas erwischt, sofort an.

Ein weiterer Wunsch von Basti ist, dass es mehr Polizisten in der Stadt geben sollte. Dass es zu wenig

Polizisten seien, merke man ja daran, dass einfach so geklaut werden könne.

Bastis Familie ist ein klassisches Beispiel für eine Hartz-IV-Familie, in der das Geld, das vom Staat gezahlt wird, in die falschen Dinge investiert wird. Fernseher, Playstation und ähnliche technische Geräte sind Prestigeobjekte, die trotz aller Misserfolge im Leben zeigen sollen: „Ich bin wer!" Leider wird der Selbstwert bei diesen Leuten aus dem gezogen, was man hat, statt aus dem, wer man ist.

Die Kinder bleiben dabei leider meist auf der Strecke. In ihre Bildung investieren die Eltern in der Regel nicht. Im eben beschriebenen Fall scheint das Kind ohnehin kaum im Bewusstsein der Eltern zu sein.

Wenn man Basti so reden hört, merkt man, dass in dem Jungen großes Potenzial steckt. Vielleicht schafft er es trotz allem, seinen Weg zu gehen. Wir werden ihn dabei unterstützen.

Bei uns ist er willkommen.

Jerome

Der zehnjährige Jerome ist ein für sein Alter ziemlich
großer Junge mit dunklen Augen und schwarzen
Haaren. Schon seit vielen Jahren kommt er in die
Arche. Auch seine Familie kennen wir gut. Der Vater
verließ seine Frau und Jerome schon früh. Die Mutter
ist bereits seit acht Jahren ohne Arbeit und bezieht
Hartz IV. Die 29-Jährige hat inzwischen alle Hoffnungen und Wünsche an das Leben aufgegeben. Sie
hat noch drei weitere Kinder von zwei verschiedenen
Männern.

Die Familie lebt in einer Plattenbauwohnung mit
drei Zimmern, einer Küche und einem winzigen Bad.
Häufig sieht es darin sehr unaufgeräumt, ja fast schon
zugemüllt aus. Schränke oder Betten gibt es in der
Wohnung nicht. Überall verteilt liegen alte Zeitungen, Badeutensilien, die Klamotten von Mutter und
Kindern und alles mögliche andere Zeug, dazwischen
gammeln Lebensmittel vor sich hin. Kaum jemand aus
der Familie findet in dem Chaos noch irgendetwas.
Deshalb schlüpfen die Kinder morgens meist einfach
in die Sachen, die sie am Vortag anhatten. Oft ist der
Geruch in der Wohnung nicht auszuhalten. Deshalb
sind die Kinder in ihrer Freizeit fast immer draußen
oder eben in der Arche.

Jerome und seine Geschwister haben sich an die Unordnung schon fast gewöhnt. Für sie ist das der Alltag. Doch ihre Freunde nehmen sie nie mit nach Hause. Die Kinder haben keine eigenen Zimmer, und da sie auch keine Betten haben, suchen sie sich einfach jede Nacht eine Ecke in der Wohnung, in der sie schlafen können. Ein Karton als Unterlage und ein Bettlaken als Decke – manchmal ist es auch nur Papier –, das muss reichen.

Oft sind unsere Sozialarbeiter ratlos. Die Kinder hängen trotz allem sehr an ihrer Mutter und vor allem aneinander. Niemals könnten sie sich vorstellen, voneinander getrennt zu werden.

Eigentlich müsste sich ein Sozialarbeiter rund um die Uhr um die Familie kümmern, doch das ist auch für die Arche kaum zu finanzieren.

Im Sommer war Jerome mit der Arche in einem Feriencamp. Das war das erste Mal, dass er seinen Stadtbezirk verlassen hat. Noch heute erzählt er jeden Tag von seinen Erlebnissen dort. Seinen ersten Urlaub wird er wohl nie vergessen.

In der Arche hat Jerome einen sehr engen Kontakt zu einer unserer Erzieherinnen aufgebaut. Er lässt sie kaum aus den Augen. Kürzlich hat er sie zu sich nach Hause eingeladen. Unsere Mitarbeiterin war entsetzt über den Zustand der Wohnung. Als Erstes fiel ihr auf, dass es gar keine Betten gab.

Als sie Jerome fragte, was er sich am meisten wünsche, war sie sich sicher, die Antwort schon zu kennen: *„Ein Bett."*

Aber weit gefehlt! „Ein Bild von unserem Zeltlager im Sommer", antwortete der Junge spontan. Nachdenklich ging unsere Mitarbeiterin nach Hause.

Am nächsten Tag traf sie Jerome wieder in der Arche. „Du hast doch sicher noch einen Wunsch!", sagte sie zu ihm. Sie hatte die ganze Nacht an ihren Besuch bei der Familie denken müssen.

„Ja, klar", antwortete der Junge, „dass Papa wiederkommt."

Die völlig immateriellen Wünsche von Jerome zeigen seine tiefste Sehnsucht nach einem Gefühl von Geborgenheit und Angenommensein. Das Gefühl, das er im Zeltlager so genossen hat. Das Foto soll ihn immer an diese schöne Zeit erinnern. Es wäre ihm so zu wünschen, dass auch sein Vater ihm dieses Gefühl vermitteln kann.

Wir ermutigen den Jungen im Moment, einen Brief an seinen Vater zu schreiben. Dann wollen wir mit der Mutter reden, ob der Vater und Jerome sich nicht einmal treffen können. Das wäre ein erster Schritt in die richtige Richtung. Und bis dahin versuchen wir in der Arche umso mehr, ihm wenigstens ein bisschen von diesem Gefühl zu geben, nach dem er sich so sehnt.

Rhina

Die zwölfjährige Rhina wohnt zusammen mit ihrer Mutter und ihrer Schwester in einem städtischen Wohnviertel im Norden Berlins. In der Zweizimmerwohnung teilt sich Rhina das Kinderzimmer mit ihrer siebenjährigen Schwester und zwei Meerschweinchen. Ihre Mutter ist arbeitslos und hat sich von Rhinas leiblichem Vater getrennt. Mittlerweile hat sie einen neuen Freund.

Rhinas „echter Papa" stammt aus Mosambik; er wohnt jedoch im selben Stadtteil Berlins wie sie. Die beiden unternehmen häufiger etwas zusammen, manchmal gehen sie zum Beispiel im Park spazieren.

Rhina übernimmt sehr viel Verantwortung in der kleinen Familie. Sie merkt, dass ihre Mutter sehr aufs Geld achten muss und ihre eigenen Wünsche zurückstellt. Am Monatsende, wenn das Haushaltsgeld knapp wird, bietet Rhina der Mutter oft sogar ihr eigenes Taschengeld an, was diese jedoch nicht annimmt. Rhinas Mutter wünscht sich, dass sie alle drei als kleine Familie zusammenhalten. Doch Rhina und ihre kleine Schwester streiten und zanken sich auch oft. Aber eigentlich mögen die Mädchen sich schon.

Rhina teilt sich mit ihrer Schwester das Kinderzimmer und sogar das Bett. Neben einem Schreibtisch und einem Schrank gibt es in ihrem Zimmer noch einen Käfig mit ihren beiden Meerschweinchen und einen Fernseher. Abends schaut sie gern ihre Lieblingsserie, über die sie sich am nächsten Tag mit ihren Freundinnen in der Schule unterhält. Manchmal stört ihre Schwester sie aber, wenn sie fernsehen will, und „nervt".

Freundschaften sind für Rhina sehr wichtig, und so pflegt sie ihre sozialen Kontakte intensiv. Innerhalb ihres kleinen Netzwerks übernimmt sie viel Verantwortung, sorgt und kümmert sich sehr um ihre Lieben. Da sie mit ihren Freundinnen viel unternimmt, ist es für Rhina besonders wichtig, dass sie gemeinsame Interessen haben.

Später möchte Rhina einmal Schauspielerin werden. Im Moment mag sie es aber einfach, mit ihren Freundinnen, ihrer Schwester und den zwei Meerschweinchen zusammen zu sein. Auch in die Arche geht sie gern. Am liebsten jedoch ist sie in der Natur. Dort fühlt sie sich am wohlsten.

Rhina und ihre Freundinnen treffen sich gerne auch auf ihrer Geheimwiese. Diese „Geheimwiese" liegt hinter einem Einkaufszentrum, ganz in ihrer unmittelbaren Nähe – nur kennt sie eben nicht jeder. Um dorthin zu kommen, müssen sie eine große Kreuzung überqueren, wobei sich die Mädchen an der Hand nehmen. Dann sind sie in ihrem kleinen Paradies angelangt, wo sich die Freundinnen entspannen und ungestört ihre Rollenspiele machen, klettern oder Verstecken spielen können.

Auf der Geheimwiese machen die Mädchen alles, was ihnen Spaß macht. Dort können sie abschalten, spielen, tanzen oder einfach nur daliegen und in den Himmel schauen. Im Sommer hat Rhina auch öfters ihre zwei Meerschweinchen mit dorthin genommen. Die geheime Wiese ist mittlerweile ihr Stammplatz geworden, an dem die Freundinnen sich die meiste Zeit aufhalten.

Da Rhina gut auf ihre kleine Schwester aufpasst, dürfen die beiden eigentlich auch überall zusammen hin. Meistens sind sie zu Fuß unterwegs, manchmal aber auch mit dem Fahrrad oder auf Rollerskates. Rhina hat sich mittlerweile daran gewöhnt, dass ihre kleine Schwester praktisch überall dabei ist.

Ihre Meerschweinchen behandelt Rhina wie richtige Familienmitglieder. Sie können sie auch gut trösten, wenn sie traurig ist, sagt sie. Es tut ihr richtig gut, wenn sie sie fröhlich anquieken und sich in ihre Handfläche kuscheln.

In die Schule geht Rhina nicht besonders gern. Sie kann ihre Lehrerin nicht leiden, weil diese sie einmal vor der Klasse bloßgestellt hat, indem sie laut ihre Zensuren – zwei Sechsen – vorgelesen hat. Außerdem hat sie in der Schule schon einige Erfahrungen mit Ungleichbehandlung, Hänseleien und Gewalt unter den Schülern gemacht.

Rhina stellt schon an den Erstklässern fest, dass sie oft eine sehr aggressive Sprache benutzen. Sie selbst mag Kraftausdrücke nicht und verwendet sie, wie sie sagt, nur, wenn ihre Schwester oder ihre Freundinnen geärgert oder bedroht werden. Denn auf die passt Rhina auf „wie ein kleiner Fuchs".

An rassendiskriminierende Äußerungen wie „Ey, du Neger!" ist Rhina schon seit der ersten Klasse gewöhnt. Sie versucht, solche Bemerkungen zu ignorieren, um Konflikten aus dem Weg zu gehen und es erst gar nicht zu Streitereien kommen zu lassen. Dennoch macht ihre „andere" Herkunft für sie das Leben kompliziert.

Auf die Frage, was sie sich wünschen würde, wenn sie drei Wünsche frei hätte, antwortet Rhina, dass sie gern ein Pferd mit Stall haben würde und „dass meine Mutti mehr Geld hat, dass sie sich auch Sachen leisten kann, die ihr gefallen". Den dritten Wunsch, nämlich besser in der Schule zu sein, kann sich Rhina auch selbst erfüllen – dafür bräuchte sie, wie sie sagt, keine Fee.

Auch wenn die Zwölfjährige schon vielerlei negative Erfahrungen gemacht hat (mit rassistischen Äußerungen und auch – wie sie uns im Interview erzählte – mit einem sexuellen Übergriff von einem unbekannten Mann auf der Straße), und obwohl die Familie nur wenig Geld hat und auf engstem Raum zusammenlebt, beschreibt sich Rhina selbst als zufrieden mit ihrem Leben. Sie findet, dass sie zu Hause schon alles hat, was sie braucht, und dass es ihnen eigentlich sehr gut geht, obwohl ihre Mutter arbeitslos ist.

Rhina geht durch eine harte Schule. Sie wohnt in einem Bezirk, den viele als „Dunkeldeutschland" bezeichnen würden. Immer wieder wird sie auf ihre Hautfarbe angesprochen. Sie muss sich mehr beweisen als ihre gleichaltrigen Freunde. Das hat sie geprägt.

Die Schule wird sie schaffen, trotz aller Widerstände. Nur schade, dass die Lehrer sie dabei nicht gerade unterstützen. Es gibt auch unter den Lehrern Menschen mit Vorurteilen.

Auch Rhina will ihre Wünsche leben. Obwohl ihr immer wieder klargemacht wird, dass sie hier nicht willkommen ist, kämpft sie dafür, dass das auch möglich wird.

Viola

Es ist 14:00 Uhr. Viola steht an der Haltestelle und wartet auf den Bus, der in den nächsten Minuten kommen müsste. Sie lächelt, denn sie hat ein gutes Gefühl nach der Mathematikarbeit, die sie in der letzten Schulstunde geschrieben hat. Auch wenn die Aufgaben in ihren Augen recht schwer waren – das Lernen hat sich wohl doch gelohnt.

Mathe liegt Viola nicht besonders, deshalb geht sie zweimal in der Woche zu einer Nachhilfelehrerin, und das bereits seit zwei Jahren. Wenn das elfjährige Mädchen ein Schulfach abwählen könnte, dann wäre es Mathematik. Doch heute ist alles glattgegangen, es könnte sogar eine Eins werden – hoffentlich.

In ihrer Klasse hat Viola viele Freundinnen, die mit ihr zusammen auf dem Pausenhof herumhängen und hin und wieder auch bei ihr übernachten. Mit ihrer besten Freundin geht Viola einmal in der Woche in ein richtig gutes Tanzstudio.

Viola ist ein fröhliches Mädchen, das gern lacht und meistens gute Laune hat. Ihr Tagesablauf ist klar strukturiert. Das muss er sein, denn ihre Eltern arbeiten beide tagsüber und kommen erst zwischen 17:00 und 18:00 Uhr nach Hause. Zweimal in der Woche geht sie nach der Schule zur Nachhilfe, einmal zum Tanzen und einmal zum Reiten. Nur freitags geht sie meistens direkt nach der Schule nach Hause, wo sie fernsieht oder ihr Zimmer aufräumt.

Am Wochenende besucht die kleine Familie manchmal Freunde, macht Ausflüge oder genießt einfach zusammen die freien Tage.

Viola hat ein eigenes, ziemlich großes Zimmer, das ganz nach ihrem Geschmack eingerichtet ist – mit Pferdebildern, Seidentüchern und Postern ihrer Stars an den Wänden, einem eigenen Computer mit Fernsehzugang und schönen Möbeln.

Die Eltern achten sehr darauf, dass es ihrer einzigen Tochter gut geht und an nichts fehlt, und sie verbringen jede freie Minute miteinander.

Violas Vater arbeitet in einer Sanitärfirma, allerdings noch nicht sehr lange. Die Arbeit gefällt ihm gut, besonders natürlich, wenn die Auftragslage stimmt. In den letzten Jahren musste er schon einige Male die Stelle wechseln, da die Firmen, für die er arbeitete, nicht genug Aufträge hatten. Zweimal war er sogar schon arbeitslos, aber nie länger als drei Monate. Die Mutter arbeitet schon seit einigen Jahren als Bürokauffrau und hat immer alle Hände voll zu tun.

Einmal im Jahr fährt die Familie für drei Wochen in die Ferien, und zwar immer im Wechsel zur Oma nach Bayern oder irgendwohin ins Ausland. Sie waren schon in Österreich und in Schweden, aber am besten hat es Viola in der Türkei gefallen. Dort war das Wasser so schön blau.

Schon seit einigen Jahren spart die Familie auf ein eigenes Haus, was allerdings wegen der verschiedenen Stellenwechsel des Vaters nicht ganz einfach war. Die Eltern träumen von einem eigenen Garten, und Viola hätte dann gern einen kleinen Pool, in dem sie und ihre Freundinnen baden könnten. Doch Violas größter Wunsch, mit dem sie ihren Eltern schon seit Jahren in den Ohren liegt, ist ein kleiner Bruder. Eine Schwester wäre auch okay. Immer wieder kommt dieses Thema in der Familie auf. „Könnt ihr nicht noch ein Baby bekommen?", fragt sie ihre Eltern. „Dann wäre ich nicht so allein!"

Mama und Papa haben schon oft mit ihr darüber gesprochen, was es bedeuten würde, wenn sie noch ein Kind bekämen. Die Mutter müsste dann aufhören zu arbeiten, und sie wüsste nicht, ob sie später wieder so ohne Weiteres in ihren Job reinkommen würde. Und beim Vater sei das Problem, dass seine berufliche Tätigkeit nie krisensicher ist. „Noch ein Kind können wir uns einfach nicht leisten!", erklären die Eltern immer wieder.

Viola versteht das nicht so richtig. „Wieso kostet ein Kind Geld und warum können wir uns das nicht leisten?", fragt sie sich. Immerhin geht es ihnen finanziell ja nicht schlecht. Als sie kleiner war, wollte Viola sogar schon mal alle ihre Spielsachen verkaufen, um ihren Eltern zu zeigen, dass sie auch etwas zum neuen Kind beisteuern könnte, aber das hat leider auch nichts gebracht.

Auch wir verstehen die Überlegungen von Violas Eltern nur bedingt. Natürlich sollte man nicht gedankenlos Kinder in die Welt setzen, vor allem nicht, wenn es aus finanzieller Sicht unverantwortlich ist. Davon kann in diesem Fall aber keine Rede sein.

Wir können nicht oft genug betonen: Der Wert eines Kindes lässt sich nicht mit Geld aufrechnen. Man kann nur hoffen, dass mehr Paare in unserem Land die Freude an der Geburt eines neuen Lebewesens, das unsere Welt mit einem Stückchen mehr Glück und Freude erfüllt, vor den Wunsch nach finanzieller Unabhängigkeit und Selbstbestimmtheit stellen.

Wir würden uns freuen, wenn Violas Wunsch doch noch in Erfüllung ginge, und natürlich auch der von all den anderen Kindern, die sehnlich auf ein Geschwisterchen warten.

Noch ein Gedanke: Violas Eltern lieben ihr Kind zwar, und sie sind auch darum besorgt, dass es ihr an nichts fehlt, aber man fragt sich doch, wie sich ein elfjähriges Mädchen fühlt, wenn ihm vorgerechnet wird, wie teuer der Unterhalt für ein Kind ist, um ihm deutlich zu machen, dass es allein schon genug Kosten verursacht und ein Geschwisterchen einfach nicht „drin" ist ...

Kapitel 2

Der Wunsch nach
Zeit und Zuneigung

Wie wir verhindern, dass aus Kindern
emotional verarmte Erwachsene werden

Der größte Wunsch der meisten Kinder in Deutschland ist es, mehr Zeit mit ihren Eltern zu verbringen. Das untermauern repräsentative Umfragen. Bei einer Aktion der Firma *Krüger* in Bergisch Gladbach zum Beispiel erklärten mehrere Tausend Kids, sie wünschten sich, dass ihre Eltern mehr Zeit für sie hätten. Eine UNICEF-Studie aus dem Jahr 2007 bescheinigt deutschen Eltern auch noch schwarz auf weiß, dass sie tatsächlich zu wenig Zeit mit ihren Kindern verbringen. Und sogar über die Hälfte der 15-Jährigen beklagte in dieser Studie, dass ihre Eltern keine Zeit für gemeinsame Gespräche fänden.

Dass vor allem kleinere Kinder besonders viel Zeit mit ihren Eltern brauchen, ist weitestgehend bekannt. Oft wird aber unterschätzt, wie wichtig es auch für Jugendliche ist, dass ihre Eltern für sie da und ansprechbar sind. In einer Phase, in der sie irgendwo in der Galaxie zwischen Kindheit und Erwachsenwerden herumirren, brauchen sie Erwachsene, die sich Zeit für sie nehmen, die ihnen die Fragen beantworten, die ihnen auf dem Herzen liegen, die sie und ihre Sorgen ernst nehmen.

Sie brauchen Eltern, die sich die Zeit nehmen, ihnen zuzuhören, denen sie sagen können, was sie bewegt, was sie stresst, nervt und ängstigt, aber auch, welche neuen Seiten sie durch die Pubertät an sich entdecken. Und sie brauchen Zeit für Gespräche, in denen ihre Eltern ihnen davon erzählen, welche Probleme sie selbst in den schwierigen Teenagerjahren hatten und wie sie damit umgegangen sind.

Der größte Wunsch der meisten Kinder in Deutschland ist es, mehr Zeit mit ihren Eltern zu verbringen.

Viele Eltern sehen sich hier allerdings in einer Zwickmühle. Eine *Forsa*-Studie ergab, dass auch 60 % der Väter in unserem Land gerne mehr Zeit mit ihren Kindern verbringen würden, aber das Gefühl haben, dass ihre Arbeitgeber dafür kein Verständnis aufbringen und deshalb ihrem Wunsch nicht nachgeben.

Bei 44 % der Frauen ist die Tendenz genau umgekehrt: Sie würden gerne mehr arbeiten, doch auch sie werden mit dem Problem konfrontiert, dass Beruf und Kinder sehr schwer miteinander zu vereinbaren sind.[3]

Die Lösung der Politik

Die Familienministerin Ursula von der Leyen ist davon überzeugt, dass sich Arbeits- und Familienleben grundsätzlich sehr gut miteinander vereinbaren lassen, sofern das Kinderbetreuungsproblem gelöst ist. Sie setzt sich deshalb dafür ein, dass es für Kinder ab einem Jahr bis 2013 einen Rechtsanspruch auf einen Betreuungsplatz in einer Kindertagesstätte oder bei einer Tagesmutter gibt. Das bedeutet, dass das Betreuungsangebot bis dahin fast verdreifacht werden muss.

Aber ist das allein die Lösung? Das mag für die Frauen, die ihren Beruf nicht aufgeben wollen, ein Anreiz sein, Kinder zu bekommen, aber was bedeutet das für die Kinder, die ihre Eltern im Laufe eines Tages teilweise gar nicht sehen?

Noch in der Generation unserer Eltern gab es zumindest in den alten Bundesländern eine klare Rollenverteilung: Der Vater ging arbeiten und die Mutter kümmerte sich um die Kinder. Heute arbeiten Männer und Frauen gleichermaßen, auch wenn Kinder da sind. Bei der Frage „Karriere oder Kinder?" gewinnt in der Regel die Karriere – entweder weil Paare sich ganz gegen Kinder entscheiden oder weil beide Partner trotz Kindern auf die Karriere nicht verzichten möchten. Wir geben unsere Kinder in die Hände Dritter, damit wir arbeiten gehen können. Dass die gemeinsame Zeit von Eltern und Kindern da begrenzt ist, liegt auf der Hand.

Es scheint fast so zu sein, dass der Job gesellschaftspolitisch gesehen mehr zählt als unser Nachwuchs, der doch eigentlich unser wertvollstes Kapital für die Zukunft ist.

Machen die Eltern also Karriere auf Kosten ihrer Kinder? Es scheint fast so zu sein, dass der Job gesellschaftspolitisch gesehen mehr zählt als unser Nachwuchs, der doch eigentlich unser wertvollstes Kapital für die Zukunft ist.

Sind wir für unsere Kinder jederzeit ansprechbar?

Wir möchten an dieser Stelle betonen, dass wir hier nicht von denjenigen reden, die arbeiten gehen *müssen*. Die Rede ist von Vätern und/oder Müttern, die arbeiten gehen, um sich selbst zu verwirklichen, oder mehr Zeit mit der Arbeit verbringen, als nötig ist, und dann kaum Zeit für ihre Kinder haben. Die Frage ist doch, was wir unseren Kindern vermitteln: „Die Arbeit ist mir wichtiger als du", oder: „Arbeit ist ein wichtiger Teil des Lebens und muss sein, aber wenn du mich brauchst, bin ich für dich da"?

Dennoch reicht es natürlich nicht aus, dass man körperlich anwesend ist. Leider gibt es auch nicht wenige Eltern, die – ob nun aufgrund von Arbeitslosigkeit oder freiwillig – zwar zu Hause, aber trotzdem für ihre Kinder nicht ansprechbar sind, weil sie zu sehr um sich selbst und ihre eigenen Probleme kreisen. Das erleben wir in unserer täglichen Arbeit leider immer wieder: Den Eltern fehlt aufgrund ihrer eigenen hoffnungslosen Situation jeglicher Elan und jede Motivation, etwas mit ihren Kindern zu unternehmen.

Die Frage ist doch, was wir unseren Kindern vermitteln: „Die Arbeit ist mir wichtiger als du", oder: „Arbeit ist ein wichtiger Teil des Lebens und muss sein, aber wenn du mich brauchst, bin ich für dich da"?

Ob nun beide Eltern arbeiten müssen oder sogar beide zu Hause sind: Man sollte feste Zeiten einrichten, die man mit seinen Kindern verbringt, in denen man sich mit ihnen beschäftigt, ihnen Zuneigung schenkt. Es gibt so unendlich viel, was man miteinander unternehmen kann, und das muss nicht einmal Geld kosten. Kinder genießen es einfach, wenn ihre Eltern mit ihnen zusammen sind und ihnen zeigen, dass auch sie Freude daran haben – sei es bei einer Wanderung oder auf der Kirmes. Und die Eltern werden mit Sicherheit ebenfalls Gewinn aus diesen gemeinsamen Erlebnissen ziehen!

Erinnerungen, die bleiben

Der Kinder- und Jugendpsychiater Michael Winterhoff schreibt in seinem Bestseller *Tyrannen müssen nicht sein*: „Der Zeitaspekt ist heute eine der zentralen Sollbruchstellen in der Eltern-Kind-Beziehung. Die Begleitung der Kinder durch die Eltern, um eine gesunde psychische Reifeentwicklung zu befördern, braucht Zeit.

Zeit auf Seiten der Eltern, die ausschließlich dem Kind gewidmet werden kann."[4]

Gute familiäre Beziehungen sind also von größter Bedeutung für die gesunde Entwicklung eines Kindes, und diese Beziehungen werden aufgebaut, indem man Zeit miteinander verbringt. Gemeinsame Mahlzeiten (hier findet übrigens die wertvollste Kommunikation und die beste Erziehungsarbeit statt!), gemeinsame Spiele, Ausflüge, Geschichten erzählen und vorlesen – das sind nur einige wenige Beispiele, wie man miteinander Zeit verbringen kann.

Es ist nicht zu unterschätzen, was man Kindern in den Zeiten, die man intensiv mit ihnen verbringt, für ihr Leben mitgeben kann. Es sind Momente, von denen sie noch Jahre später zehren können. Der amerikanische Autor Arthur Gordon beschreibt in seinem Buch *Geschenke des Himmels* zum Beispiel, wie sein Vater ihn eines Nachts aus dem Bett holte, um ihn an dem Wunder eines Sternschnuppenregens teilhaben zu lassen. Der Autor schreibt: „Seitdem sind Jahrzehnte vergangen. Aber ich erinnere mich immer noch an diese Nacht, weil ich das Glück hatte, ein siebenjähriger Junge zu sein, dessen Vater eine solche neue Erfahrung für wichtiger hielt als einen ungestörten Schlaf. Ich hatte als Kind genauso viele Spielsachen wie alle anderen, aber die habe ich inzwischen alle vergessen. Ich erinnere mich an: die Nacht, in der die Sterne vom Himmel fielen; den Tag, an dem ich im Begleitwagen eines Güterzugs mitfahren durfte [...]. Ich erinnere mich noch an den ‚Trophäentisch' bei uns im Flur, auf dem wir Kinder Sachen ausstellen durften, die wir gefunden

> Gute familiäre Beziehungen sind also von größter Bedeutung für eine gesunde Entwicklung eines Kindes, und diese Beziehungen werden aufgebaut, indem man Zeit miteinander verbringt.

hatten – Schlangenhäute, Muscheln, Blumen, Pfeilspitzen – alles, was ungewöhnlich oder einfach nur schön war."[5]

Wahrscheinlich haben die meisten noch Erinnerungen an irgendwelche besonderen Erlebnisse mit dem eigenen Vater oder der Mutter, die zu den wertvollsten Erinnerungen zählen und von denen man ein Stück weit auch heute noch zehrt.

Ein emotionales Fundament für die Zukunft

Alle Eltern – ob reich oder arm, ob mit Arbeit oder ohne – haben ihren Kindern gegenüber die Verpflichtung, deren gesunde Entwicklung zu fördern. Nur mit ihrer Hilfe werden ihre Sprösslinge ein festes Fundament für das Erwachsenenleben bekommen; ansonsten drohen sie emotional zu verarmen.

Natürlich muss jeder selbst entscheiden, was das Beste für die eigene Familie, für die eigenen Kinder ist. Aber uns allen sollte bewusst sein: Unsere Kinder sind auf die Zeit angewiesen, die sie mit uns verbringen!

Es ist nicht zu unterschätzen, was man Kindern in den Zeiten, die man intensiv mit ihnen verbringt, für ihr Leben mitgeben kann.

Gerade in der heutigen Zeit lauern unzählige Gefahren auf unsere Kinder. Noch nie waren die Verführungen, denen die Jugend ausgesetzt war, so groß. Die Freizeitindustrie, Einkaufszentren, das Internet und vieles mehr lenken unsere Kinder oftmals von der Schule, ja von wesentlichen Dingen ab. Besonders jetzt und heute brauchen sie Unterstützung und Hilfe – auch in Form von unserer Zeit. Wenn wir ihnen diese Zeit nicht geben, kommen wir unserer Verantwortung ihnen gegenüber nicht nach. Und sie suchen die Lösung für ihre Probleme anderswo.

Im ungünstigsten Fall versuchen sie, sie mit Dingen zu „lösen", die ihnen alles andere als eine Hilfe sind. Oft geraten Kinder nur deshalb auf die schiefe Bahn, weil sie keine richtigen Ansprechpartner haben.

Uns sollte bewusst sein: Unsere Kinder sind auf die Zeit angewiesen, die sie mit uns verbringen!

Nur wenn Eltern präsent sind, können sie auch eine positive Vorbildrolle einnehmen, können sie einen gesunden Einfluss auf ihr Kind ausüben.

Jeder ist gefragt

Aber nicht nur die Eltern sind an diesem Punkt gefragt. Wir alle – jeder Einzelne von uns – können die Situation von Kindern in unserem Umfeld verändern. Kinder brauchen Erwachsene, die ihnen zuhören.

Zeit, die wir mit unseren Kindern verbringen, ist Zeit, die wir in ihre Zukunft investieren, und kann auch nicht durch mehr Geld, das man in dieser Zeit verdienen könnte, kompensiert werden.

Oder wie Michael Winterhoff es sagt: „Zeit ist [...] ein kostbares Gut, das tendenziell immer knapper wird. Und trotzdem ist es das Gut, von dem wir im Interesse unserer Kinder am meisten brauchen."[6]

Die folgenden Porträts stellen Kinder vor, deren sehnlichster Wunsch es ist, dass ihre Eltern mehr Zeit mit ihnen verbringen oder dass sie einfach mehr Zuneigung von ihnen erhalten. Gleich im ersten Fall, in dem von Sissi, kann man sehen, wie das ungestillte Bedürfnis nach mehr Zeit mit den Eltern in eine emotionale Verarmung führt.

Sissi

Die Tür zu meinem Büro flog auf und Sissi und ein anderes Mädchen stürmten herein. „Ich habe endlich einen Freund!", rief Sissi. Das Mädchen war ganz aufgeregt und konnte seine Freude kaum unterdrücken. Schon lange hatte sich die Elfjährige einen Freund gewünscht, denn ihre Klassenkameradinnen hatten ihr schon oft gesagt, dass sie nicht wirklich cool sei, wenn sie nicht wie alle anderen einen „Partner" hätte. Natürlich fragte ich gleich nach, wie der Glückliche denn aussehen würde, wo sie sich kennengelernt hätten und all die Dinge, die man eben so fragt.

Sissi druckste mit ihren Antworten ein wenig herum. Er sei total nett, sehe gut aus und überhaupt sei er ganz toll, sagte sie, aber auf die Frage, woher sie sich kannten, bekam ich keine Antwort.

„Sag es Bernd doch. Du brauchst dich nicht zu schämen", ermutigte das andere Mädchen Sissi.

Ich hatte so eine Befürchtung, dass dieser ominöse Freund vielleicht deutlich älter sein könnte als Sissi, was ihr Verhalten erklären würde, deshalb fragte ich noch einmal nach: „Wo habt ihr euch denn kennengelernt? Auf dem Schulhof? Hier in der Arche? Beim Einkaufen? Auf dem Spiel- oder Sportplatz?"

Aber Sissi verneinte alles.

„Na, komm schon. Raus mit der Sprache!" Ich hatte ein wenig Angst, dass die Kleine in eine Geschichte geraten sein könnte, aus der sie schlecht wieder herauskam. Ich hatte leider schon eine Reihe von eigenartigen „Freundschaften" mitbekommen: zu junge Mädchen, die sich an erwachsene Männer gehängt hatten, nur um in ihrer Clique „in" zu sein, oder Kinder, die zu ihrem Freund gezogen waren, weil der schon eine eigene Wohnung hatte und sie froh waren, auf diese Weise von zu Hause wegzukommen.

Schließlich gestand Sissi: „Ich habe meinen Freund noch nie richtig gesehen! Ich kenne ihn aus dem Internet-Chat. Wir mailen schon ein paar Wochen miteinander, und jetzt, wo wir uns gegenseitig ein Foto geschickt haben, sind wir ein Paar. Er hat mir auch schon seine Telefonnummer gegeben und ich habe ihn angerufen. Er hat eine total tolle Stimme!"

Ich versuchte, Sissi über die Gefahren der virtuellen Welt aufzuklären. Ich erzählte ihr von zwei Mädchen, die sich mit zwei Fremden aus dem Chat verabredet hatten und bei dem Treffen von ihnen vergewaltigt wurden. „Nein, so einer ist er nicht", war ihre Antwort darauf.

Wir unterhielten uns noch ziemlich lange über ihren Freund und die Gefahren, doch leider blieb Sissi von meinen Warnungen unbeeindruckt.

Sissi verbringt nach der Schule, wenn sie nicht in der Arche ist, viel zu viel Zeit an ihrem Computer. Sie kennt alle einschlägigen Chaträume und lebt in ihrer virtuellen Welt. Abends und an den Wochenenden surft sie fast pausenlos im Internet. Als die Telefonleitung einmal für zwei Tage unterbrochen war, war das für Sissi die Hölle. Das Internet ist ein Schutzraum für das Mädchen geworden. Eigentlich hat sie aber ganz andere Vorstellungen vom Leben.

„Früher war alles anders", sagt sie. Da hatte ihre Mutter noch viel mehr Zeit, obwohl sie arbeiten ging. „Wir haben manchmal Gesellschaftsspiele miteinander gespielt, haben am Wochenende Ausflüge gemacht oder sind ins Kino gegangen. Aber jetzt ist alles anders geworden."

Auf die Frage, was der Anlass für die Veränderung war, erklärte Sissi mir: „Mama ist arbeitslos geworden und dann ging es ganz schnell bergab."

Es vergeht kaum eine Woche, in der Sissis Mutter nicht mehrere Bewerbungsgespräche führt; sie ist fleißig und bemüht, doch ihre Chancen stehen sehr schlecht. Die Mutter ist seit drei Jahren arbeitslos und kommt damit einfach nicht zurecht. Wie bei so vielen alleinerziehenden Müttern stellen die Arbeitgeber beim Vorstellungsgespräch immer die eine Frage, die in der Regel zur Absage führt: „Sie haben Kinder? Was machen Sie, wenn die Kinder krank sind?" Sissis Mutter muss dann antworten: „In dem Fall muss ich zu Hause bleiben, ich habe keine Verwandtschaft im näheren Umkreis." Und das war's dann.

Sissis Mutter hat ihre Perspektive verloren. Auch sie verbringt viel Zeit am Computer. Sie ist das Vorbild für ihre Kinder.

Die Frau möchte raus, wieder einen Wert durch ihre Arbeitsleistung empfinden können. In ihrer Verzweiflung vergisst sie leider immer wieder die Nöte und Bedürfnisse ihrer Kinder. Sie fühlt sich allein, nicht nur weil ihr Mann sie sitzen gelassen hat, sondern auch, weil niemand ihr eine Chance gibt. Oft klagt sie: „Die Arbeitgeber kennen mich doch gar nicht. Die lehnen mich nur wegen meiner familiären Situation ab." Und sie fragt sich so manches Mal: „Hätte ich mir besser keine Kinder anschaffen sollen? Wie soll das weitergehen? Ich bin doch erst Mitte dreißig ..."

Sissi hat noch Wünsche und Hoffnungen für ihr Leben, auch wenn ihre virtuelle Welt im Moment präsenter ist als die reale.

„Ich wünsche mir mehr Zeit mit meiner Familie, mehr nicht", sagt sie. „Wieder mit der Mama spielen, unterwegs sein und nicht mehr vor dem Computer sitzen müssen!"

Für Sissi ist Zeit mit ihrer Mutter wichtiger als Geld und Konsum; sie würde sogar ihren Computer weggeben, wenn dann alles wieder so wäre wie früher. „Aber wer gibt Mama wieder eine Chance, und wer gibt uns damit eine Chance, wieder eine Familie zu sein?"

Maja

Die zehnjährige Maja ist ein aufgewecktes Mädchen mit langen braunen Haaren und einem regen Verstand. Sie ist sehr musikalisch und schreibt gute Noten in der Schule; trotzdem wirkt sie nicht glücklich.

Seit der Trennung ihrer Eltern lebt sie bei ihrer Mutter. Frühmorgens um 6:00 Uhr stehen Maja und ihre Mama auf und frühstücken zusammen. Der alleinerziehenden Mutter ist es wichtig, Zeit mit ihrem Kind zu verbringen und es gut auf den Tag vorzubereiten, bevor sie selbst zur Arbeit muss. Um 7:30 Uhr verlassen dann beide die Wohnung und jede geht ihrem Tageswerk nach: die Kleine in die Schule und die Mutter im Büro.

Maja fällt das Lernen nicht schwer; sie hatte noch nie eine schlechtere Note als eine Drei, und als sie die bekommen hat, da hatte sie einen schlechten Tag.

Zweimal in der Woche besucht Maja ihre Klavierlehrerin, um sich musikalisch weiterzubilden, und an einem weiteren Nachmittag besucht sie eine Jazzdanceschule. Das Tanzen macht ihr riesig Spaß.

Die restliche Zeit verbringt Maja mit Freundinnen. Sie hören zusammen Musik, tanzen dazu, malen oder quatschen einfach miteinander.

Wenn die Mama um 17:30 Uhr von der Arbeit kommt, genießen die beiden ihre Zeit zusammen.

So weit scheint in Majas Leben alles in Ordnung zu sein.

An jedem zweiten Wochenende darf sie zu ihrem Vater, der nur etwa zehn Kilometer von ihr entfernt wohnt. Ihr Papa ist Unternehmer, hat eine eigene Firma mit einigen Angestellten, fährt ein großes Auto und ist immer sehr gut gekleidet. Wenn Maja bei ihm zu Besuch ist, sind die beiden viel unterwegs; meist gehen sie im Restaurant essen, manchmal fahren sie in den Tierpark oder sie besuchen die Oma, Papas Mutter.

Maja ist immer noch nicht über die Trennung ihrer Eltern hinweg. Oft weint sie in Papas Arm und fragt ihn: „Warum bist du nicht bei uns geblieben?" Dann versucht der Vater, viele Argumente anzuführen, die das Mädchen einfach nicht verstehen kann.

„Ich wurde gar nicht gefragt, als Mama und Papa sich getrennt haben. Das haben sie einfach ohne mich entschieden." Man merkt, wie Maja mit den Tränen kämpfen muss. Ihr liegt so viel an ihrem Papa, doch oft versteht sie sein Verhalten nicht. „Papa ist supernett, aber wenn wir zusammen sind, dann klingelt immer sein Handy, und er muss telefonieren. Das geht manchmal eine ganze Stunde."

Die beiden sind nur wenige Stunden zusammen, und davon geht für Majas Geschmack viel zu viel Zeit für irgendwelche Unterbrechungen drauf. „Klar, die Arbeit ist wichtig, aber ich sehe ihn doch nur so selten! Die Zeit, die wir miteinander verbringen, ist doch so kurz, da sollte Papa eigentlich nichts anderes im Kopf haben als mich. Er sollte das Telefon ausstellen, mit mir kuscheln, lachen und schöne Sachen unternehmen", sagt Maja traurig.

Maja will die Hoffnung darauf, dass alles wieder wie früher wird, nicht aufgeben. Sie liebt beide Elternteile gleichermaßen. Aber wahrscheinlich sind die Fronten schon zu verhärtet.

Was ihr am meisten zu schaffen macht, sind die Fragen ihres Vaters nach der Mutter. „Na, hat Mama einen neuen Freund? Geht sie oft weg? Wo ist sie denn jetzt, während du bei mir bist?"

Diese vielen Fragen! Am liebsten würde das Mädchen dann sagen: „Frag sie doch selbst!", aber das traut sie sich nicht. Papa meint es ja nicht böse, er mag Mama bestimmt immer noch und vielleicht ist er sogar eifersüchtig. Aber manchmal hat Maja das Gefühl, dass der Vater sich mehr mit diesen Fragen beschäftigt als mit ihr.

Aber leider ist es auch nicht anders, wenn Maja wieder nach Hause kommt. Auch die Mutter möchte immer das Neueste über die Lebenssituation ihres Exmannes wissen, und so werden diese Wochenenden für das Mädchen oft eine echte Tortur.

„Anscheinend können Mama und Papa nicht ohne einander leben. Warum kommen sie dann nicht einfach wieder zusammen?" Für Maja ist es schwer, der Spielball zwischen zwei Menschen zu sein, die ihrer Meinung nach zusammengehören. Manchmal denkt sie sogar, dass sie der Grund für die Trennung der Eltern war. Manchmal wacht sie mitten in der Nacht schweißgebadet auf, weil sie geträumt hat, dass sie mit ihren Eltern stritt und einer dann die Wohnung verließ.

Oft erinnert sich Maja aber auch an schöne Erlebnisse aus der Zeit, als die Familie noch zusammen war: zum Beispiel an ihren gemeinsamen Urlaub, an die Familienfeiern, Ausflüge und sogar an ihre Einschulung, als Papa mit der Torte gestolpert ist. Das war die schönste Zeit in Majas Leben.

„Ich träume manchmal, dass Mama und Papa sich versöhnen und alles wieder so ist wie früher. Aber das wird wohl ein Traum bleiben", sagt sie traurig.

*

In Deutschland wird jede zweite Ehe geschieden; bei knapp der Hälfte dieser Scheidungen sind minderjährige Kinder beteiligt. Das sind fast 145.000 Kinder pro Jahr, die mit den Konflikten ihrer Eltern konfrontiert werden. Häufig werden dann die Kinder in die Rachefeldzüge ihrer Eltern mit einbezogen und sozusagen als Spielball missbraucht. Oft werden Lügen und Streit auf dem Rücken der Kinder ausgetragen, auch wenn viele Eltern das nicht bewusst tun. Die Folgen für die Kinder, besonders im Kleinkindalter, können allerdings gravierend sein. Es ist nicht nur die Tatsache, dass die Kinder dann zwischen den Stühlen sitzen, viel schwerer wiegt, dass sie sich manchmal wie Maja für die Scheidung verantwortlich fühlen. Jede Scheidung hinterlässt Gefühle der Enttäuschung, Wut und Verletzung.

Auf wiki.familieninsel.de findet sich der folgende Rat: „Wenn eine Scheidung bevorsteht, sollten Eltern ihren Kindern grundsätzlich die Wahrheit sagen. Es ist wichtig, ihnen altersgerecht zu erklären, in welcher Situation sich die Familie befindet. Das rät der Bundesverband für Kinder- und Jugendpsychiatrie, Psychosomatik und Psychotherapie (BKJPP) in Weil der Stadt. Kinder empfinden eine Trennung der Eltern als Bedrohung ihrer Sicherheit. Sie glauben oft, sie seien irgendwie für den Konflikt zwischen Vater und Mutter verantwortlich. Es ist für sie daher sehr wichtig zu wissen, dass Mutter und Vater ihre Eltern bleiben, auch wenn die Ehe endet und die Eltern nicht mehr zusammen leben. Den Kindern sollte deutlich gemacht werden, dass sie keine Schuld an der Trennung haben und dass sie selbst nicht von einem Elternteil geschieden werden."[7]

Kinder merken natürlich, wenn Eltern sich streiten und eine Trennung bevorsteht. Dennoch sollten die Eltern mit ihren Kindern darüber reden. Das zeigt ihnen, wie wichtig sie ihren Eltern sind. Auch wenn Scheidungskinder die Gründe der Trennung nicht unbedingt verstehen können, sollte den Kindern trotzdem das Gefühl vermittelt werden, dass sie durch die Trennung nicht ihre Eltern verlieren. Sie sollten wissen, was sich verändert und was bleibt, wie es ist.

Gerade wenn Eltern geschieden sind, sollten sie ihren Kindern nur das versprechen, was sie auch halten können. In solchen Situationen möchte man bei Kindern Hoffnungen wecken, damit der Schmerz nicht so stark wird, doch enttäuschte Erwartungen bewirken genau das Gegenteil.

Eine gute Kommunikation mit den Kindern ist in dieser Zeit sehr wichtig. Auch wenn man nicht auf alle Fragen sofort eine Antwort geben kann, darf man seine Schwäche ruhig zugeben und vielleicht auch mit den Kindern gemeinsam Lösungen erarbeiten.

Und es ist entscheidend, dass weiterhin beide Eltern für ihr Kind da sind, dass sie, wenn sie das Kind bei sich haben, wirklich Zeit mit ihm verbringen und Interesse an ihm zeigen. Für Scheidungskinder ist durch die Trennung der Eltern bereits ein Stück „heile Welt" zerbrochen. Gerade jetzt brauchen sie ganz besonders ein Gefühl von Sicherheit, die Gewissheit, dass sie weiter auf beide Elternteile zählen können – und auch das Vertrauen, dass sie nicht als „Spion" eingesetzt werden.

Bei einer Scheidung dürfen Kinder nicht auf der Strecke bleiben.

Ben und Derek

„My home is my castle", steht auf dem kleinen Holz-schild über dem Familiennamen an der Wohnungstür der Altbauwohnung. Innen ist alles wunderschön und dekorativ eingerichtet. Hier hat jedes Teil seinen Platz, alles ist fein säuberlich geordnet. Die Farben an den Wänden wirken frisch und warm. Bilder und Stoffe runden das positive Bild ab. Auf den Schränken stehen kleine Dinge, die den Blick des Betrachters auf sich zie-hen. Man erkennt sofort, dass bei der Gestaltung der Räume ein Profi am Werk war.

In dieser hübschen Wohnung leben vier Personen: Mutter, Vater, Ben und Derek, und jeder hat natürlich sein eigenes, individuelles Zimmer mit persönlicher Note. Die Zwillinge sind zwölf Jahre alt und besuchen die sechste Klasse einer Privatschule. Ihr großes Hobby ist Fußball. Sie verfolgen jedes Spiel, das im Fernsehen übertragen wird, und besonders während der Europa-oder Weltmeisterschaft bekommt man sie nicht vom Fernseher weg, aber sie spielen auch selbst. Entspre-chend ihrer großen Leidenschaft sind auch die Zimmer der Jungs eingerichtet: eine Fußball-Lampe an der De-cke, Poster mit Spielern vom FC Bayern an der Wand, an der Decke ein Tornetz, signierte Torwarthandschuhe und viele kleine Fußballdetails zieren die Kinderzimmer.

Vor einigen Jahren hat die Mutter noch als Dekorateurin gearbeitet und sie hat ihren Beruf geliebt. Leider hat sie jedoch ihren Job verloren, deshalb arbeitet sie heute als Verkäuferin in einem Textilwarenhandel. Nebenbei organisiert sie das Büro ihres Mannes, der sich vor fünf Jahren selbstständig gemacht hat. Seine kleine Firma kümmert sich um Netzwerke mittelständischer Unternehmen. Häufig muss er auch am Wochenende raus, wenn irgendwo mal wieder ein Computer streikt.

Jeder in der Familie hat einen vollen Terminkalender, und aus diesem Grund muss auch alles gut organisiert sein. Meist verlässt die Mutter morgens als Erste das Haus. Vorher bereitet sie aber das Frühstück für alle vor und schmiert die Pausenbrote für die Jungs. Mittags essen Ben und Derek in der Schule – um diese Mahlzeit muss sich die Mutter also nicht kümmern. Der Vater arbeitet viel von zu Hause aus, ist aber trotzdem immer sehr beschäftigt und hat kaum Freizeit, denn die Firma muss ja laufen.

Nach der Schule findet man die Brüder meist auf dem Bolzplatz, wo sie mit ihren Freunden kicken. Zweimal in der Woche trainieren sie dann im Fußballverein, denn beide wollen irgendwann mal in einer Liga spielen – Talent haben sie auf jeden Fall.

Wenn die Familie abends zusammen am Abendbrottisch sitzt, wird häufig über die Arbeit der Eltern gesprochen, über die Finanzkrise, die schwierige Auftragslage oder den verkaufsoffenen Sonntag, an dem die Mama wieder arbeiten muss. Familienzeit gibt es nur selten. Dafür freuen sich alle umso mehr auf die Sommerferien, weil sie dann einmal drei Wochen ununterbrochen Zeit füreinander haben und die Arbeit nicht Gesprächsthema Nummer eins ist.

Ben und Derek denken noch oft an ihren Urlaub in Mailand und den Besuch im Stadion dort, an die Fahrt ans Meer und das leckere Essen. Für die beiden war das der tollste Urlaub in den letzten Jahren – besser als der in Spanien, Griechenland und Holland.

Zu Hause müssen Ben und Derek nicht viel tun, denn die Mutter hat alles gut im Griff. Hier eine Vase, dort ein paar schöne Servietten; bei ihr muss einfach alles stimmen. Ein Hund oder eine Katze würde hier wahrscheinlich ein Paradies zum Durcheinanderbringen finden, deshalb hat die Familie auch keine Haustiere. Es hätte ohnehin keiner Zeit, sich um sie zu kümmern.

Die Zwillinge haben einen großen Traum: Sie wollen Profifußballer werden. Sie träumen vom großen Talent und davon, einmal neben einem prominenten Spieler vom FC Bayern stehen zu können. Doch diesen Traum würden sie für ihren größten Wunsch aufgeben, und dieser Wunsch scheint gar nicht so unrealistisch: „Wir wünschen uns, dass unsere Eltern mehr Zeit für uns haben! Dass wir mehr miteinander spielen und auch in der Woche oder am Wochenende etwas zusammen unternehmen. Aber das geht ja nicht, weil Mama und Papa so viel zu tun haben." Derek führt dann noch an: „Papa sagt immer: Entweder man hat Arbeit, und dann hat man richtig viel zu tun, oder man hat keine Arbeit, und das ist ganz schlecht. Dazwischen gibt es nichts."

Wir hoffen, dass der Vater der beiden Jungen merkt, dass das nicht stimmt und dass es für die gesunde Entwicklung seiner Kinder von elementarer Bedeutung ist, dass er ihnen mehr Zeit schenkt. Er muss sich mehr auf seine beiden Jungen besinnen. Sie haben es verdient und vor allem brauchen sie ihn.

Jana

Jana ist neun Jahre alt und wohnt mit ihrer Mutter, ihrem vier Jahre älteren Bruder und dem Freund ihrer Mutter in einem Hochhaus in Berlin, nahe der Arche. Jana hat ein eigenes Zimmer, in dem sie besonders die rosa gestrichenen Wände und ihren Schrank mag. Wenn sie zu Hause ist, hält Jana sich gern in ihrem Zimmer auf; sie malt dann, spielt mit ihrem Kindercomputer oder beschäftigt sich mit ihrem Haustier – einem Kaninchen namens *Shrek*.

Draußen hält sich Jana am liebsten an dem Brunnen zwischen den Häuserblocks auf. Dort spielt sie mit ihren Freunden. Sie findet die grüne Wiese und die grünen Bäume drum herum so toll. Eine Wiese zwischen den Häuserblocks mag sie besonders gern. Das ist ihr Lieblingsort, „weil es da so schön leer manchmal is'. Und das is' sehr oft da sehr leer. Weil, da laufen auch meistens selten nur Leute vorbei", erklärt sie. Sie fährt aber auch gern mit dem Fahrrad, dem Roller oder Inlineskates herum – am liebsten, wenn die Straßen leer sind, denn dann ist es nicht so laut, und sie muss keine Angst vor Autos haben. Manchmal geht Jana auch in die Mädcheneinrichtung „Hella" oder in die Arche, ganz in der Nähe von ihrem Zuhause. Hier hat sie viele Freunde, mit denen sie gemeinsam spielt oder tanzt.

Jana beurteilt ihre Umgebung und ihre Spielräume nach ästhetischen Kriterien. Wenn sie etwas schön findet, fühlt sie sich wohl.

Wenn Jana drei Wünsche frei hätte, würde sie sich zuallererst wünschen, dass ihre Eltern wieder zusammenwohnen, denn die sind schon seit längerer Zeit getrennt. Seitdem sieht Jana ihren Vater nur manchmal am Wochenende, da er in einem anderen Stadtteil von Berlin wohnt und sie noch nicht allein mit der Bahn dorthin fahren darf.

Jana hat schon öfter ihren Wohnort gewechselt und abwechselnd bei ihrem Vater oder ihrer Mutter gelebt, „und noch mal können wir das, glaub ich, nicht mehr ändern", sagt sie. Obwohl Jana ihren Stadtteil ein bisschen schöner findet als den ihres Vaters, würde sie den Papa gern öfter sehen.

Ihr zweiter Wunsch ist, dass sie noch eine kleine Schwester bekommt, denn sie liebt Babys. An dritter Stelle aber wünscht sie sich, dass sie und ihr Bruder sich weniger streiten. Sie fände es toll, wenn alle ihre Freunde auch gleichzeitig ihre Geschwister wären.

Jana massiert öfters ihre Mutter und macht das sehr gut. Sie möchte später als Masseurin arbeiten. Als alternativen Berufswunsch nennt sie „Rettungsschwimmerin", da sie bereits einen Schwimmkurs gemacht hat und dabei sehr viel Spaß hatte. In einem Schwimmbad würde sie gerne Menschen retten, aber nicht im Meer, denn das wäre ihr zu gefährlich.

Jana wünscht sich ein harmonisches Umfeld. Trennungen, Streitereien und der tägliche Überlebenskampf haben bisher ihren Alltag geprägt.

Wir in der Arche versuchen, ihr auch die andere Welt zu zeigen. Sie braucht in ihrem Umfeld Erwachsene, die sich ihr widmen, die ihr die Zeit und Aufmerksamkeit schenken, die ihre Eltern, die viel zu sehr mit sich selbst und ihren Problemen beschäftigt sind, ihr nicht geben können. Nur so kann sie ein festes emotionales Fundament für die Zukunft aufbauen.

Wir werden sie weiter auf ihrem Weg begleiten.

Kapitel 3

Der Wunsch nach Förderung und Forderung

Warum wir beim Thema Bildung
radikal umdenken müssen

Immer mehr Schüler verlassen unsere Schulen ohne Abschluss. Im Jahr 2006 waren es rund 76.000 Schüler. Der Bericht „Bildung in Deutschland 2008" konstatiert: „Die Zahl dieser Jugendlichen bewegt sich seit Jahren in vergleichbarer Größenordnung. Zunehmend sind diese Jugendlichen jedoch mit höheren Risiken hinsichtlich künftiger Bildungs- und Erwerbschancen konfrontiert."[8]

Das heißt auf gut Deutsch: Nachdem sie in der Schule gescheitert sind und ohne Abschluss dastehen, haben sie praktisch keine Chance auf einen Ausbildungsplatz.

Ursachen

Doch was ist der Grund für die hohe Zahl an Schulabgängern ohne Abschluss? Sind diese jungen Menschen einfach alle zu dumm, um einen Abschluss zu schaffen?

Ganz bestimmt nicht! Viele von ihnen hatten nur einfach niemanden, der ihnen in ihrem Lernprozess zur Seite gestanden und sie unterstützt hat. Kinder sind von Natur aus neugierig und wissenshungrig; ihre natürliche Neugier will gestillt, ihr Forscherdrang gefördert werden. Wenn diese Unterstützung nicht gegeben ist, lässt die Lernbereitschaft bei Kindern bzw. Jugendlichen zwangsläufig immer mehr nach, bis diese jungen Menschen sich irgendwann selbst aufgeben. Auch hier ist die Vorbildfunktion von Eltern ein entscheidender Faktor. Eine Mutter, die selbst keinen Schulabschluss hat, wird ihren Kindern nur schwer vermitteln können, dass es wichtig ist zu lernen, und sie wird ihren Kindern auch schwerlich bei Hausaufgaben und der Vorbereitung von Klassenarbeiten kompetent helfen können.

Zudem fehlt es bei vielen an der Grundausstattung, die im heutigen Schulalltag gebraucht wird, weil das Geld dafür einfach nicht da ist. Bildung scheint in unserer Gesellschaft tatsächlich abhängig vom Einkommen der Eltern zu sein, und Kinder, die in finanzieller Armut aufwachsen müssen, haben das Nachsehen. Auch wenn öffentliche Schulen kostenlos sind und Schulbücher für ALG-II-Empfänger gestellt werden, müssen doch viele Kosten selbst getragen werden, zum Beispiel die Arbeitshefte zu den Schulbüchern, Blöcke, Stifte, Schulranzen, Zirkel etc. Zwar stellen mittlerweile einige Bundesländer sogenannte „Schulstarterpakete" zur Verfügung, aber das ist leider nur ein Tropfen auf dem heißen Stein.

Sind diese jungen Menschen einfach alle zu dumm, um einen Abschluss zu schaffen? Ganz bestimmt nicht! Viele von ihnen hatten nur einfach niemanden, der ihnen in ihrem Lernprozess zur Seite gestanden und sie unterstützt hat.

Allein in unseren Archen geben wir jährlich tonnenweise Schulmaterial an bedürftige Schüler weiter, damit wenigstens sie eine bessere Chance haben. Immer mehr Eltern, die es sich leisten können, schicken ihre Kinder auf Privatschulen, damit deren Chancen auf dem Arbeitsmarkt einmal besser sind. Aber was wird aus den Kindern, deren Eltern nicht die nötigen Mittel dazu haben?

In Deutschland wird mehr als eine Milliarde Euro für Nachhilfe ausgegeben, aber nicht für Kinder von Hartz-IV-Empfängern! Schulische Nachhilfe gibt es in der Regel nur eine Stunde pro Woche und Fach, doch das reicht häufig – leider – nicht aus.

In Deutschland wird mehr als eine Milliarde Euro für Nachhilfe ausgegeben, aber nicht für Kinder von Hartz-IV-Empfängern!

Schüler mit Migrationshintergrund

Ein großer Anteil der Schüler, die keinen Abschluss haben, sind übrigens Kinder mit Migrationshintergrund. „Kinder von Migranten haben es in unserem Schulsystem nicht leicht. 137.000 dieser Kinder haben keinen richtigen Schulabschluss erreicht. Das sind 6,5 % aller Kinder von Eltern mit Migrationshintergrund (alle seit 1950 Zugewanderten und ihre Nachkommen)."[9]

Für sie sind die Bedingungen oft noch erschwert. Diese Kinder müssten eigentlich schon längst voll integriert sein, wurden doch zum großen Teil bereits die Väter in Deutschland geboren. Doch die Kinder werden von den Müttern erzogen, die häufig erst zur Hochzeit nach Deutschland gekommen sind und deshalb unsere Sprache nicht beherrschen. Sie wachsen damit praktisch in der Sprache der Mutter auf. Dazu kommt die sozialräumliche Segregation gleich zu Beginn der Bildungslaufbahn der Kinder. Sie beginnt, laut der Pressemitteilung der Autorengruppe „Bildungsberichterstattung Bildung in Deutschland 2008" schon in Kindertageseinrichtungen. „Ca. 30 % der Kinder, deren Familiensprache nicht Deutsch ist, besuchen eine Einrichtung, in der mehr als die Hälfte der Kinder ebenfalls nicht Deutsch als Familiensprache hat."[10]

Da ist es kein Wunder, dass diese Kinder große sprachliche Defizite haben, die zu einem späteren Zeitpunkt nur sehr schwer behoben werden können. Und ohne gute Sprachkenntnisse wird es keine Integration geben.

Eine tickende Zeitbombe

Aber wie sieht nun die Zukunft dieser jungen Menschen aus? Sie haben keine oder zumindest kaum eine Chance auf eine Ausbildung, die ihnen ein selbstständiges Erwerbsleben ermöglichen würde. Sie leben mehr oder weniger in einer Parallelwelt, die mit unserer nicht mehr viel zu tun hat, da sie zum großen Teil vom sozialen Leben ausgegrenzt sind.

Ein großer Anteil der Schüler, die keinen Abschluss haben, sind übrigens Kinder mit Migrationshintergrund. Für sie sind die Bedingungen oft noch erschwert.

Doch nicht nur das: Sie verlieren ein Stück weit ihre Würde, weil es ihnen nicht vergönnt ist, zu zeigen, was in ihnen steckt. Sie können sich nicht beweisen, und das nagt an ihrem Selbstwertgefühl.

Wir müssen uns langsam einmal die Frage stellen: Können wir es uns als Gesellschaft dauerhaft leisten, dass mehr als 70.000 Schüler im Jahr unsere Schulen ohne Abschluss verlassen?

Wir sind der festen Überzeugung, dass wir uns das nicht leisten können. Wir müssen sofort anfangen, uns der Schüler in unserem Land anzunehmen, die im Hinblick auf Bildung benachteiligt sind.

Schüler mit schlechteren Ausgangsvoraussetzungen müssen vom ersten Tag ihrer Schulzeit an individuell gefördert werden. Doch auch für die Jugendlichen, die bereits in der Situation sind, dass sie ohne Schulabschluss dastehen, muss eine Lösung her. Auch sie dürfen wir nicht alleinlassen.

Wenn wir diese Jugendlichen nicht aus ihrer Situation herausholen, dann haben wir die soziale Schieflage schon in wenigen Jahren nicht mehr unter Kontrolle. Das Ergebnis: Der Frust über die eigene Untätigkeit und die damit verbundene Ausgrenzung wächst – und mit ihm das Aggressionspotenzial, das schließlich nicht selten in Kriminalität ausartet. Das Problem der Schulabgänger ohne Abschluss ist tatsächlich eine „tickende Zeitbombe" für das soziale Gleichgewicht in unserem Land. Deshalb brauchen wir sofortige Maßnahmen, um diese Bombe zügig zu entschärfen. Darauf, wie diese Maßnahmen aussehen können, werden wir in Kapitel 5 eingehen.

> Können wir es uns als Gesellschaft dauerhaft leisten, dass mehr als 70.000 Schüler im Jahr unsere Schulen ohne Abschluss verlassen?

Die Motivation von Kindern am Leben erhalten

Unsere Umfragen haben ergeben, dass sich viele Kinder später einmal einen guten Job wünschen. In jungem Alter sind sie meist noch sehr motiviert, Dinge zu lernen. Aber sie brauchen Erwachsene, die sie dabei an die Hand nehmen, die sich die Mühe machen, in diese Kinder zu investieren. Es ist ein Vergehen, die natürliche Neugier, den Wissenshunger unserer Kinder nicht zu stillen, sie nicht zu fördern. Aber wir schaden damit nicht nur der heranwachsenden Generation. Wir schaden unserem Land!

Leider haben viele Jugendliche die Hoffnung, beruflich einmal etwas erreichen zu können, schon aufgegeben, weil ihre Eltern ihnen ihre Hoffnungslosigkeit vorgelebt haben und sie auch nie wirklich in dem Versuch unterstützt wurden, dieser Hoffnungslosigkeit zu entkommen.

Deshalb: Solange unsere Kinder noch ein Ziel vor Augen haben, sollten wir sie auch darin unterstützen, ihr Ziel zu erreichen, eine Ausbildung zu machen und einen Beruf zu erlernen.

Es ist ein Vergehen, die natürliche Neugier, den Wissenshunger unserer Kinder nicht zu stillen, sie nicht zu fördern. Aber wir schaden damit nicht nur der heranwachsenden Generation. Wir schaden unserem Land!

Darin liegt ihre große Chance und darin liegt auch die große Chance für unser Land. Denn Kinder und Jugendliche, die wir heute fördern, sind die Arbeitnehmer und Steuerzahler der Zukunft.

Wie Hans Döbert festhält: „Interventions- und Fördermaßnahmen für sogenannte bildungsbenachteiligte Kinder und Jugendliche sind – sofern sie frühzeitig ergriffen werden, also schon im Bereich frühkindlicher Bildung, spätestens im Schulalter – eine gesellschaftlich höchst rentable Investition."[11]

Die folgenden Geschichten sollen zeigen, was auch in den Kindern steckt, die manche Erwachsene schon „abgeschrieben" haben, und dass es sich lohnt, ihren Wunsch nach Forderung und Förderung ernst zu nehmen. Ja mehr noch: dass wir es uns nicht leisten können, ihn nicht ernst zu nehmen!

Marie

Es ist 16:15 Uhr. In unserer Einrichtung wuselt es vor Kindern. Manche brüten über ihren Hausaufgaben, andere machen mit den Mitarbeitern Gesellschaftsspiele und wieder andere toben sich im Tanzraum aus. Nach und nach kommen immer mehr Kinder und Jugendliche aus den umliegenden Ganztagsschulen, um bei uns ihre Freizeit zu verbringen, etwas zu essen, einfach „abzuhängen" und Freunde zu treffen.

Wie fast jeden Nachmittag kommt auch die 15-jährige Marie direkt im Anschluss an die Schule zu uns. „Wer hilft mir bei den Hausaufgaben?", fragt sie.

Noch vor einem Jahr hat sie jegliches Angebot von unserer Seite, ihr beim Lernen zu helfen, vehement abgelehnt. Auf die Frage nach den Hausaufgaben erwiderte sie immer nur: „Will ich nicht, hab ich nicht, brauch ich nicht!"

Früher dachte Marie, dass sie sich um die Zukunft keine Sorgen machen müsse. Wenn sie alt genug sei, würde schon ein reicher Mann kommen und sie heiraten, dann bekäme sie Kinder, und dann bräuchte sie ja auch nicht mehr arbeiten zu gehen. Im Leben der 15-Jährigen war eher Party angesagt als Lernen, und so brachte sie auch den einen oder anderen blauen Brief mit nach Hause, worüber ihre Mutter natürlich nicht sehr glücklich war.

Allerdings war die Mutter ihr im Hinblick auf die Schule auch weder Hilfe noch Vorbild. Sie selbst hat die Schule nach der achten Klasse abgebrochen und es nur zur Hilfsarbeiterin gebracht. Heute ist sie allerdings arbeitslos und lebt mit ihren beiden Kindern von Hartz IV.

Marie hatte von Anfang an Probleme in der Schule. Wahrscheinlich hingen die damals mit dem seelischen Zustand des Mädchens zusammen. Als Sechsjährige wurde sie von ihrem Stiefvater misshandelt. Einige Jahre war Marie deswegen auch in psychologischer Behandlung und aufgrund ihrer Verhaltensauffälligkeit musste sie zwischendurch öfters die Schule wechseln. Schließlich kam sie auf die Hauptschule.

Marie hatte im Grunde keinen „Bock" auf Unterricht. Stattdessen verbreitete sie miese Stimmung und war sehr launisch. Sie wusste nicht, wozu die ganze Lernerei gut sein sollte.

Doch das sollte sich ändern. Vor einem Jahr bekamen die Schüler aus Maries Klasse die Aufgabe, sich eine Stelle für ein Schülerpraktikum zu suchen. Die meisten Klassenkameraden von Marie kamen in Firmen von Bekannten oder Verwandten unter, nur sie blieb auf der Strecke.

Immer wieder bat sie ihre Freunde um Unterstützung, aber alle ließen sie hängen. Auch bei der Mutter fand sie keine Hilfe, denn die verfügte nicht über Kontakte zu irgendwelchen Unternehmen, und in ihrer Familie gab es auch niemanden mit eigener Firma. Marie war allein; da war niemand, bei dem sie Unterstützung fand. Nun musste sie also auf eigene Faust losziehen und sich Gedanken über einen geeigneten Praktikumsplatz machen. Sie musste Bewerbungen schreiben und Telefongespräche führen, aber überall bekam sie aufgrund ihrer schlechten Noten nur Absagen. Weder bei der Wohnungsbaugesellschaft noch im Solarium, noch beim Friseur gab man der damals 14-Jährigen eine Chance.

Marie klapperte alle Unternehmen in ihrer Umgebung ab. Bei jeder Firma fragte sie persönlich nach einer Praktikumsstelle, was sie viel Überwindung kostete. Und schließlich hatte sie dann auch Glück: In einem Sportgeschäft traf sie auf eine nette Geschäftsführerin, die ihr einen Praktikumsplatz zusagte – unter der Bedingung, dass Marie ihr Gewissenhaftigkeit und Pünktlichkeit versprach.

Auch wenn es Marie nicht leichtfiel, trat sie ihren Dienst jeden Tag pünktlich um 9:00 Uhr an. Die Arbeit machte ihr überraschenderweise richtig Spaß, und das merkte man ihr auch an. Fröhlich packte sie die Ware aus, ordnete die Schuhregale und gab den Kunden freundlich Auskunft. Wenn sie etwas nicht wusste, fragte sie gleich nach. Jeden Tag bat Marie, ob sie nicht etwas länger als die vorgeschriebenen sechs Stunden bleiben könne, da ihr die Arbeit viel mehr Freude bereitete als ihr öder Alltag.

Am Ende der Praktikumszeit wurde sie zu einem Gespräch mit der Filialleiterin gebeten. Marie hatte ganz schön Bammel. Was würde ihr die Chefin jetzt sagen? Doch das Gespräch verlief sehr positiv. Sie wurde gelobt, weil sie so fleißig und wissbegierig war, und man sagte ihr, dass man für sie eine Lehrstelle frei halten würde, wenn sie ihren Hauptschulabschluss schaffen würde. Ein Notendurchschnitt von drei würde reichen.

Diese Aussicht und auch die guten Erfahrungen mit den Kollegen und Kunden im Sportgeschäft motivierten Marie so sehr, dass sie sich von nun an anstrengen wollte, um ihre Leistungen zu verbessern. Die Chance auf diese Ausbildungsstelle wollte sie um keinen Preis verspielen.

Gleich nach der Praktikumszeit versuchte sie, Nachhilfeunterricht zu bekommen. Wir in der Arche hatten ihr zwar immer angeboten, ihr zu helfen, aber sie wollte einfach schnell vorankommen und versprach sich mehr von „professioneller" Seite. Allerdings merkte Marie bald, dass Nachhilfe mehr Geld kostet, als sie zur Verfügung hatte. Maries Mutter lebt von Hartz IV, und in den Regelsätzen, die sie vom Amt bekommt, ist leider kein Geld für Bildung vorgesehen.

Marie war enttäuscht, aber nicht entmutigt. Sie nahm unser Angebot, ihr zu helfen, schließlich doch an.

Sie muss noch viel tun; sie hat einiges aufzuarbeiten und nachzuholen, aber es macht Freude zu sehen, dass die Aussicht auf eine bessere Zukunft ihr schlummerndes Potenzial, das schon fast verloren zu gehen drohte, wieder geweckt hat.

Maries großer Wunsch ist, dass sie die Ausbildung in dem Sportgeschäft machen kann. Wenn sie keine Hilfe bekommt, droht dieser Traum wie eine Seifenblase zu zerplatzen. Warum sollten wir ihr nicht die Unterstützung geben, die sie braucht?

Kindern und Jugendlichen wie Marie müssen wir zeigen, dass wir sie nicht aufgegeben haben. Es wäre schön, wenn es mehr Firmen wie dieses Sportgeschäft gäbe, die jungen Menschen eine Chance geben und ihren Ehrgeiz neu wecken – auch wenn sie vielleicht bisher schulisch gescheitert sind und auf den ersten Blick nicht sonderlich förderungswürdig erscheinen. Gerade unter solchen Kindern finden sich manchmal ungeahnte „Rohdiamanten". Jedes Kind hat eine Chance verdient!

Julian

Ich sitze in der ersten Reihe im Publikum bei der Einschulungsfeier in der Arche-Grundschule in Berlin. Jetzt ist es schon zwei lange Jahre her, dass wir, begleitet von zahlreichen Schwierigkeiten, die Schule eröffnen konnten. Bis zu 21 Kinder gehen in eine Klasse, die von zwei oder sogar drei Lehrern unterrichtet wird.

Individueller Unterricht und auch individuelle Begleitung der Kinder spielen hier eine herausragende Rolle. 60 % der Schüler der Arche-Grundschule kommen aus schwierigen Verhältnissen. Der Rest der Kinder stammt aus „ganz normalen" Familien.

Ich soll heute zur Einschulung eine kleine Rede halten. Die Kinder sind laut, man kann sein eigenes Wort kaum verstehen. Auf der Bühne steht eine kleine Orgel, vor der eine junge Lehrerin sitzt, die ich noch nicht kenne. Einige Schüler kommen auf die Bühne, um die neuen Kinder und ihre Eltern mit einer Aufführung zu überraschen. Ich entdecke Julian, der schon seit seinem dritten Geburtstag in die Arche kommt und heute acht Jahre alt ist. Er strahlt über das ganze Gesicht.

Julian hat noch sieben Geschwister, die fast alle zu uns in die Arche kommen. Er lebt mit seiner Mutter, deren Freund und seinen Geschwistern in einer ziemlich verwahrlosten Wohnung ganz in der Nähe der Arche. Oft schon waren wir dort, um der Mutter beim Aufräumen zu helfen, weil die hygienischen Verhältnisse katastrophal waren. Leider sind sie das auch heute manchmal noch. Wir wollten ihr das Gefühl vermitteln, dass sie nicht allein ist.

Der Freund der Mutter ist Alkoholiker, und die Familie lebt in der ständigen Angst, dass er seinen Job verlieren könnte. Er arbeitet bei einem Taxiunternehmen und hat bei Arbeitsbeginn häufig noch Restalkohol im Blut. Die Arbeitskollegen schützen ihn aber, weil sie seine Familie kennen und sich große Sorgen um die Zukunft der Kinder machen. Oft haben sie ihn schon, wenn er noch „blau" war, wieder nach Hause geschickt und dem Chef gesagt, ihm sei nicht gut. Das hat ihn bisher immer gerettet.

Julians Mutter ist eine sehr kühle und distanzierte Frau, die ihrer Umwelt eine heile Familie vorspielt. Sie wirkt sehr ungepflegt und hat zu ihren Kindern – vor allem zu den älteren – ein schlechtes Verhältnis. Die älteste Tochter ist sehr hübsch. Sie ist schon 18 Jahre alt, kommt aber immer noch oft in die Arche. Durch gute Kontakte unserer Einrichtung hat sie vor einiger Zeit einen Modelvertrag bekommen. Sie ist jetzt zusammen mit einer Freundin in eine kleine Wohnung gezogen und wird auch weiter von der Arche betreut.

Doch zurück zu Julian. Der Junge war von Anfang an sehr anhänglich. Fast jeden Tag stand er in meinem Büro und stattete mir einen Besuch ab. Mit seinen blauen Augen strahlte er mich an und fragte dann: „Du, hast du Süßigkeiten?" Meist war er mit seinem kleinen Bruder da, auf den er nachmittags aufpassen musste.

In der Schule hatte er häufig richtig Stress. Er weigerte sich, lesen und schreiben zu lernen, und hatte große Angst vor seiner Lehrerin. Wir alle machten uns große Sorgen um den kleinen Mann; nur seine Mutter blieb ganz cool, gerade so, als ginge sie das alles nichts an.

Unsere Familienbetreuerin kam dann auf eine Idee: „Lasst uns doch Julian in die Arche-Schule aufnehmen. Vielleicht klappt es dann ja besser mit ihm!"

Wir wagten den Schritt. Seine alte Lehrerin war froh, dass sie ihn los war. Zugegeben, die ersten Monate waren auch für unsere Lehrer hart, doch dann, von heute auf morgen, besserten sich plötzlich Julians Leistungen im Unterricht.

Der Junge fühlte sich vom ersten Tag an in seiner neuen Schule wohl, und das zahlt sich bis heute aus. Ebenso wie das Engagement der Lehrer. Der Junge hat Lesen und Schreiben gelernt und interessiert sich für viele Dinge. Dank einer Musiktherapie verändert sich sein Weg in die Zukunft: Die Musik hat sein Herz berührt und ihn vielen anderen Dingen gegenüber aufgeschlossen.

Oft besucht er auch seine Schwester und sieht, dass die so ganz anders ist und lebt als ihre Mutter. Dann wird ihm deutlich, dass viel mehr möglich ist, als ihm zu Hause vorgelebt wird. Julian will Feuerwehrmann werden oder Sänger, wie er mir kürzlich sagte. Wir in der Arche werden ihn auf seinem Weg unterstützen. Manchmal werden ja auch große Träume wahr.

Doch zurück zu der kleinen Schulfeier. Gerade wegen der zahlreichen kleinen und großen Erfolge, die ich im Rahmen meiner Arbeit miterlebe, machen mir solche Tage sehr viel Spaß. Wenn ich heute Julians Lachen sehe, frage ich mich: Was ist in seiner alten Schule verkehrtgelaufen? Vielleicht hatte man dort einfach nur zu wenig Zeit, um sich richtig um ihn zu kümmern.

Fast alle Kinder in unserer Schule brauchen individuelle Betreuung, sonst ist ihre Zukunft zum Scheitern verurteilt. Allein durch seine Freude am Leben zahlt Julian uns unser Engagement tausendfach zurück.

Ich werde immer wieder gern in diese Schule gehen, weil man täglich sehen kann, dass persönliches Engagement und ergänzende Hilfe sich lohnen. Denn das ist es, was Kinder wie Julian brauchen: Erwachsense, die sich für sie engagieren. Und Kinder, die eine fundierte Ausbildung erhalten, sind das, was unser Land braucht.

Die Geschichte von Julian zeigt, dass wir den Wunsch unserer Kinder nach Förderung und Forderung dringend ernst nehmen müssen. Jedes, und damit meinen wir wirklich jedes Kind in unserem Land hat ein Recht auf diese Förderung.

Steffi

Steffi lebt in Berlin in einem Plattenbau, nicht weit entfernt von der Arche. Das zierliche Mädchen ist erst neun Jahre alt, weiß aber schon genau, was es will.

Steffi hat noch drei Geschwister, die alle jünger sind als sie. Die vier Kinder stammen von drei verschiedenen Männern. Steffi und der kleine Oswald haben denselben Papa. Mit ihm war die Mama fast zwei Jahre zusammen. Der Mann war aber gewalttätig; er hat viel getrunken und im Rausch dann eben auch schon mal Steffis Mutter geschlagen. Daran kann sich Steffi aber nicht mehr erinnern.

Obwohl die Väter der Kinder alle im Großraum Berlin leben, hat keiner von ihnen mehr Kontakt zu der Familie. Das würde Steffis Mutter auch nicht zulassen. Unterhalt zahlen sie ohnehin nicht, weil sie – wie die Mutter auch – alle von Hartz IV leben. Heute hat die Frau von Männern „die Nase gestrichen voll", wie sie selbst sagt. Für die Kinder ist das Leben ohne Vater völlig normal. Sie kennen es schon lange nicht mehr anders.

Claudia, Steffis Mutter, hat drei verschiedene Putzstellen, um zur staatlichen Stütze noch etwas dazuzuverdienen. So kommt sie einigermaßen über die Runden. Eine der Familien, bei denen sie zweimal in der Woche putzt, hilft ihr auch über die normale Bezahlung hinaus. Hin und wieder erhält Claudia kleinere Geschenke für die Kinder. Einmal hat die Familie Steffi sogar mit auf eine Reise nach Wien genommen. Steffi versteht sich sehr gut mit der Tochter des Hauses, die ein Jahr älter ist als sie. Die Eltern dieses Mädchens haben eine Tierarztpraxis, und wenn Steffis Mutter dort putzt, kommt die „Kleene" – so nennt die Mama sie – fast immer mit. So sind die beiden Kinder dieser so unterschiedlichen Familien dicke Freundinnen geworden. Hinter der Tierarztpraxis und der Wohnung haben die Eltern von Steffis Freundin einen großen Garten mit Gemüsebeeten und Obstbäumen. Dort hält sich Steffi besonders gern auf.

Als sie in der Schule vor einigen Monaten einen Aufsatz über ihren Lieblingsplatz schreiben sollte, hat sie sehr liebevoll diesen Garten beschrieben. Der Garten ist ihr „Paradies", so schrieb sie in der Arbeit. „Wenn man Hunger hat, braucht man nicht in den Supermarkt zu gehen. Nein, man gräbt einfach in der Erde, und dann hat man, was man will. Das kostet überhaupt nichts."

Fleisch will Steffi sowieso nicht mehr essen. Seit sie regelmäßig in der Tierarztpraxis ist, hat sie ein ganz anderes Verhältnis zu Tieren. Vorher hat sie sich nie Gedanken darüber gemacht, wo das Fleisch herkam. Sie dachte immer, es wäre aus dem Supermarkt. „Fleisch esse ich nie mehr, außer 'ne Currywurst", schrieb sie in dem Aufsatz, „und vielleicht mal 'ne Bulette."

Der Lehrer war begeistert von der Arbeit. Jetzt will er die beiden Tierärzte sogar einmal in die Schule einladen, damit sie über ihre Arbeit berichten.

Steffi möchte später ebenfalls Tierärztin werden. „Ich will mal mit Monas Papi reden", erzählt sie uns. „Vielleicht brauche ich ja dann nicht mehr zur Schule zu gehen und werde gleich Tierärztin. Dann brauche ich auch nicht so viel Geld für das Essen. In dem Garten ist ja genug für alle. Dann kann ich mein Geld der Mama geben."

Steffi will nicht, dass ihre Mutter weiter so viel putzen geht, denn sie klagt häufig über Rückenschmerzen.

Das Mädchen zeigt uns, mit welcher enormen Motivation Kinder in jungen Jahren noch ans Leben herangehen, selbst wenn ihre Umstände nicht ideal sind. Oft werden die Wünsche und Träume der Kinder erst mit der Zeit zunichtegemacht.

Durch die Eltern ihrer Freundin erlebt Steffi eine ganz andere Welt, zu der sie ansonsten nie Zutritt bekommen hätte. Sie lernt, dass man etwas dafür tun muss, um seinen Traum zu verwirklichen. So langsam versteht sie auch, dass sie in der Schule gut aufpassen und mitarbeiten muss, um später studieren zu können.

Steffi wird ihren großen Wunsch, Tierärztin zu werden, verwirklichen können, sie wird ihren Weg gehen, weil sie eine Tür aus dem Elend heraus gefunden hat. Andere Kinder haben diesen Notausgang nicht. Ihr Weg ist durch soziale Ausgrenzung bestimmt.

Doch das muss nicht so bleiben! Jeder kann seinen Beitrag leisten, um solchen Kindern zu helfen. Sei es dadurch, dass man als Unternehmer Jugendlichen durch die Vergabe von Praktika Einblick in das Arbeitsleben gewährt und sie auf dem Weg in ein eigenständiges Leben begleitet, oder dadurch, dass man kostenlosen Nachhilfeunterricht anbietet, in kirchlichen oder städtischen Kinder- und Jugendkreisen mithilft oder sich in anderer Weise ehrenamtlich für die nachwachsende Generation engagiert.

Silke

Silke kommt schon viele Jahre in die Arche. Das hübsche 14-jährige Mädchen hat sechs Geschwister. Silkes Mutter Ilona hat sich schon vor Jahren von ihrem Vater getrennt. Der hatte über seine Verhältnisse gelebt und war nicht einmal davor zurückgeschreckt, seine eigenen Kinder um Geld anzubetteln, um dieses dann in die Kneipen in der Nachbarschaft zu tragen.

Silke ist das jüngste Kind der Familie. Häufig besucht sie ihre Lieblingsschwester Ester, die ein paar Häuser weiter lebt.

Ester ist gerade 17 Jahre alt geworden und bereits Mutter von zwei Kindern. Die Schule hat Ester lange schon keinen Spaß mehr gemacht. In den letzten Jahren nahm sie am Unterricht nur noch ohne Bewertung teil. Sie hatte immer wieder die Schule geschwänzt. Nachdem sie hin und wieder deshalb Ärger mit der Polizei hatte, ging sie schließlich wieder hin, solange sie rechtlich dazu verpflichtet war. Allerdings konnte sie aufgrund der vielen Fehlstunden dem Unterricht schon längst nicht mehr folgen. In der Familie interessierte das niemanden ernsthaft. „Was soll's?", meinte die Mutter damals nur. „Sie will ja eh später viele Kinder haben."

Ester ging dann nach der neunten Klasse von der Schule ab – da war sie bereits im fünften Monat schwanger – und zog mit ihrem drei Jahre älteren Freund in dessen kleine Wohnung. Dem ersten Kind folgte schnell das zweite. Ester und ihr Freund leben heute mit ihren Kindern von staatlicher Hilfe und bekommen dazu noch ein wenig Unterstützung von ihren Familien.

Silke ist ganz vernarrt in ihre kleinen Nichten. Sie unternimmt viel mit ihnen und Ester. Auch zu ihren Brüdern hat sie mehr oder weniger guten Kontakt. Bis auf den jüngsten Bruder sind auch die schon von zu Hause ausgezogen. Sie können sich finanziell gerade so über Wasser halten – mit Hartz IV und Gelegenheitsjobs.

Nur einer von Silkes Brüdern hat zumindest einen Hauptschulabschluss. Er macht gerade eine Ausbildung. Was für eine Ausbildung das genau ist, weiß Silke allerdings nicht. Die anderen Geschwister haben alle die Schule hingeworfen. Jens, der Zweitälteste, sitzt gerade im Jugendarrest. Er wurde beim Dealen mit Kokain erwischt.

Silke will nicht in die Fußstapfen ihrer älteren Geschwister treten. Ihr hat die Schule immer schon sehr viel Spaß gemacht, und das spiegelt sich auch in ihren Zensuren wider. Besonders gerne mag sie Fremdsprachen; sie lernt mit Begeisterung Englisch und Russisch.

Aber sie merkt immer wieder, dass sie nicht so am schulischen Leben teilhaben kann wie andere Kinder. Schulessen ist für Silke nicht drin, da ihre Mutter das Geld dafür nicht hat. Fast immer versucht sie deshalb, mittags in der Arche zu sein. Dort gibt es das Essen für alle Kinder kostenlos.

An Klassenfahrten ist überhaupt nicht zu denken. Das Geld dafür kann ihre Mutter schon gar nicht aufbringen. Kürzlich war die ganze Klasse in Prag; nur Silke und eine Freundin mussten aus finanziellen

Gründen zu Hause bleiben. Das war für Silke sehr schwer. Sie fühlt sich ausgegrenzt und stigmatisiert. Jeder auf der Schule weiß jetzt, dass ihre Mutter kein Geld hat. Den Lehrern ist das gleichgültig.

Silke ist auch in anderen Bereichen ihren Mitschülern gegenüber benachteiligt. Das einzige Fach, in dem sie Schwierigkeiten hat, ist Mathematik. Wie gern würde sie Nachhilfeunterricht nehmen, um besser zu werden, aber das ist völlig undenkbar. Gern würde sie auch zusammen mit ihrer besten Freundin zum Reiten gehen. Der Vater dieser Freundin hat Silke sogar angeboten, für sie die Stunden zu bezahlen, doch das hat Silkes Mutter strikt abgelehnt. Silke hat damals bitterlich geweint.

Doch trotz dieser zahlreichen Hindernisse kämpft sich das Mädchen ziemlich erfolgreich durchs Leben. Kürzlich wollte Silkes Mutter sie von der Schule nehmen. Silke sollte arbeiten gehen, um zusätzlich Geld für die Familie zu verdienen. Doch dagegen konnte sich das Mädchen erfolgreich zur Wehr setzen. Wir in der Arche haben es dabei unterstützt.

Zurzeit hat Silke einen Notendurchschnitt von 1,2 – und darauf ist sie zu Recht sehr stolz. Ihrer Mutter haben wir einen kleinen Job in der Arche besorgt. Sie verdient jetzt ein paar zusätzliche Euros und kann damit die Haushaltskasse etwas aufbessern.

Wir freuen uns über Silke. Trotz aller Widerstände wird sie die Schule schaffen, und das vermutlich sogar mit guten Zensuren. Sie will studieren und später in die Politik gehen, um etwas zu bewegen. Wir werden ihr jetzt eine Reise in die USA oder nach Moskau ermöglichen, damit sie ihre Sprachkenntnisse weiter verbessern kann.

Silke hat viele Wünsche und Sehnsüchte. Sie möchte, dass alle Kinder zur Schule gehen können und dort auch gefördert werden. Sie leidet mit ihren Geschwistern unter deren Problemen und weiß schon jetzt, dass wohl kaum einer von ihnen einen anständigen Job finden wird. Ohne einen richtigen Schulabschluss, das weiß sie, wird das kaum möglich sein.

„Und ich kann ja später nicht allen helfen; so viel Geld werde ich sicher nie verdienen."

Silke hat einen Lieblingsort, an dem zu sein sie sich leider auch nur selten leisten kann: Sie liebt den Zoo. Dort bei den Tieren fühlt sie sich wohl. Und manchmal fängt sie hier auch an zu philosophieren: „Die Tiere wissen, wo sie hingehören. Sie werden immer versorgt. Sie brauchen sich keine Sorgen zu machen. Denen geht es besser als uns." Als Silke uns das einmal erzählte, wussten wir nichts zu sagen.

Kinder wie sie lassen uns an unserer Überzeugung festhalten, dass es sich lohnt, in sie zu investieren – trotz oder gerade wegen aller Widerstände, mit denen sie konfrontiert werden.

Kapitel 4

Der Wunsch nach Perspektiven

Wie wir den sozialen Gau
in unserem Land verhindern

Seit der Geburt der Bundesrepublik Deutschland und auch nach der Wiedervereinigung wurden große Teile der Bevölkerung unseres Landes auf dem Erfolgsweg mitgenommen. Das Wirtschaftwunder unter dem früheren Wirtschaftsminister und Bundeskanzler Ludwig Erhard zum Beispiel steht auch für den Erfolg der kleinen Leute. Ein großer Teil der deutschen Bevölkerung fuhr erstmals ins Ausland in den Urlaub, und das zumeist auch noch mit dem eigenen Wagen. Man gönnte sich etwas und konnte sich das auch leisten.

Das ist heute anders. Immer weniger Menschen haben an wirtschaftlichen Erfolgen Anteil. Viele Menschen in unserem Land leiden unter der unsicheren wirtschaftlichen Situation. So steht der angestrebte Gewinn eines Unternehmens weit über dem Erhalt von Arbeitsplätzen, immer mehr Firmen zahlen nur Billiglöhne, und Sonderzuschläge für Sonntage und Feiertage, für Urlaub und Weihnachten fallen weg. Viele Menschen arbeiten jede Woche 40 Stunden oder mehr und müssen trotzdem Transferleistungen in Anspruch nehmen, weil sie zu wenig verdienen. Viele ältere Arbeitnehmer merken plötzlich, dass sie von der Rente, die sie zu erwarten haben, nicht werden leben können, und haben Angst vor der Zukunft.

Bei wenigen anderen läuft es genau andersherum. Unternehmensvorstände, die „ihre" Unternehmen ruiniert haben, verklagen diese anschließend auf viele Millionen Euro Abfindung – nicht selten erfolgreich. Bekannte Persönlichkeiten hinterziehen Steuern und gehen dabei oft straffrei aus. Ein ehemaliger Postmanager schleust einen Teil seines Geldes an der Steuer vorbei und bekommt dafür vor Gericht nur eine Geldstrafe, weil er sich clevere und gute Anwälte leisten kann. Dafür sitzen in manchen Berliner Gefängnissen über 50 % aller Häftlinge wegen Schwarzfahren ein.

Immer weniger Menschen in unserem Land haben an wirtschaftlichen Erfolgen Anteil.

Natürlich kann man Schwarzfahren nicht gutheißen, aber die Frage ist: Stimmen hier noch die Relationen? Ein Schwarzfahrer muss neun Monate im Knast absitzen, weil er kein Geld hatte, um seine Strafe zu bezahlen, und ein Millionenbetrüger kommt einfach so davon, weil er genug Geld hat, um sich vor einer Gefängnisstrafe drücken zu können.

Was geht in den Köpfen von Menschen vor, die ständig mit Meldungen wie diesen konfrontiert werden? Dass es bei denen irgendwann einmal „knallt" und sie sich wehren, ist logisch.

Müssen wir soziale Unruhen befürchten?

Solange wir nur diejenigen Menschen vom wirtschaftlichen Erfolg ausschließen, die bildungsfern aufwachsen, mögen wir solche Unruhen noch für einige Zeit ausschließen können. Wohlgemerkt: für einige Zeit. Wenn aber in den Ballungszentren immer mehr Kinder in armen Familien aufwachsen, ohne Schulbildung und auch ohne eine berufliche Zukunft, dann haben wir ein Riesenpotenzial an Menschen, die irgendwann „explodieren" werden. Nämlich dann, wenn sie merken, dass sie wie Menschen zweiter Klasse behandelt werden. Ein charismatischer Politiker aus der rechten oder linken Ecke, der diese Menschen in seinen Bann zieht, könnte mit der Hilfe dieser von der Gesellschaft alleingelassenen Menschen an die Macht kommen. Nämlich dann, wenn diese merken und begreifen, dass sie ihre Situation niemals werden verbessern können. Da reicht dann oft schon ein kleiner Tropfen, der das Fass zum Überlaufen bringt.

Und wir reden hier nicht nur von ein paar wenigen Menschen. Wenn weiter vor allem die sogenannte „soziale Unterschicht" für Nachwuchs sorgt, werden wir spätestens im Jahr 2020 den sozialen Gau erleben. Dann wird ebendiese Schicht einen Großteil der Gesellschaft unseres Landes ausmachen. Schon im Jahr 2015 werden die Verdiener und die Rentner sich zahlenmäßig einander angenähert haben. Das heißt, dann gibt es praktisch genauso viele Verdiener wie Rentner. Dazu kommen noch die Menschen ohne Arbeit. Es liegt auf der Hand, dass eine solche Konstellation niemals gut gehen kann.

Wenn in Deutschland, ähnlich wie in Kenia, Brasilien oder Südafrika, marodierende Jugendbanden durch die Vororte ziehen, in Gärten und Häuser eindringen und die Menschen ausrauben, dann kann häufig auch die Staatsgewalt nicht mehr helfen. Es sind einfach zu viele, um durch die Polizei oder das Militär aufgehalten zu werden.

> Wenn in den Ballungszentren immer mehr Kinder in armen Familien aufwachsen, ohne Schulbildung und auch ohne eine berufliche Zukunft, dann haben wir ein Riesenpotenzial an Menschen, die irgendwann, ob heute oder morgen, explodieren werden.

Rücksichtsloser Umgang versus soziale Verantwortung

Wir werden das Problem nur dann lösen können, wenn wir einen großen Teil dieser Menschen wieder in Lohn und Brot bringen, indem Unternehmen wieder mehr Stellen schaffen, auch wenn der Profit dadurch vorübergehend kleiner wird. Unternehmen haben immerhin nicht nur eine betriebswirtschaftliche Verantwortung, sondern auch eine volkswirtschaftliche. Und wir müssen den Kindern ein Recht auf Bildung gewähren. Am Ende werden dadurch alle gewinnen, denn zufriedene Menschen gehen nicht auf die Straßen, um Unruhe zu stiften.

Ende April 2009 gab es im Berliner Senat einen Wechsel. Der Finanzsenator ging in den Vorstand der Bundesbank. Der neue Senator ist ein parteiloser gestandener Unternehmer mit großen wirtschaftlichen Erfolgen. Das ist durchaus ehrenwert, allerdings muss man auch sehen, dass es in einigen seiner Unternehmen niemals einen Betriebsrat gegeben hat, das zumindest schrieben die Berliner Zeitungen. Wir reden von einem Senat, der sich aus der SPD und der Linkspartei zusammensetzt. Diese beiden Parteien haben sich die Mitbestimmung von Arbeitnehmern auf ihre Fahnen geschrieben. Wie glaubwürdig ist also ein Senator, der dieses Mitbestimmungsrecht in der Praxis nicht allzu ernst nimmt? Auch die Gewerkschaften scheinen so etwas als normal hinzunehmen. Jedenfalls haben sie sich in dieser Sache in Berlin nicht gerührt. Werfen auch sie ihre Ideale über Bord, wie in diesem speziellen Fall die SPD und die Linkspartei? Noch vor wenigen Jahren

Wenn weiter vor allem die sogenannte „soziale Unterschicht" für Nachwuchs sorgt, werden wir spätestens im Jahr 2020 den sozialen Gau erleben. Dann wird ebendiese Schicht einen Großteil der Gesellschaft unseres Landes ausmachen.

hätten selbst gestandene Sozialpolitiker der CDU in solch einem Fall ihr Veto eingelegt.

Ist in den vergangenen Jahren die Hemmschwelle im Umgang mit schwächeren Menschen gesunken? Verfahren wir immer rücksichtsloser miteinander?

Glücklicherweise ist das nicht unbedingt überall der Fall. Es gibt auch noch Unternehmen, die bereit sind, sich ihrer sozialen Verantwortung zu stellen. Wir von der Arche können das durch die Zusammenarbeit mit vielen Unterstützern belegen. Dazu gehören kleine und große Unternehmen, Stiftungen, Vereine und auch die zahlreichen privaten Spender mit normalem Einkommen, die erkannt haben, wie wichtig es ist, sich jetzt und hier um eine Generation zu kümmern, die bald in unserem Land entscheidend mitbestimmen wird – zum Guten oder Schlechten. Wie diese Kinder in fünf, zehn oder fünfzehn Jahren leben, was sie antreibt und wofür sie sich einsetzen werden, das liegt in unserer Hand – und zwar jetzt! Darauf, was Unternehmen, aber auch einzelne Personen ganz konkret für sie tun können, werden wir an späterer Stelle eingehen.

Jeder Mensch braucht eine Perspektive

Leider haben zu wenige Menschen in unserem Land ein Bild davon, wie die Situation in vielen der in diesem Buch vorgestellten Familien tatsächlich aussieht. Ein großer Teil der Erwachsenen, die wir in unserer Arbeit kennenlernen, wird niemals wieder einen Job mit Verantwortung übernehmen können. Sie haben das Arbeiten einfach nicht gelernt. Sie haben keine gute Schulbildung und kaum Erfahrungen in der Arbeitswelt. Werte wie Disziplin, aber auch Regeln für den zwischenmenschlichen Umgang sind nicht mehr vorhanden und damit auch nicht abrufbar. Wenn sie diese Werte je hatten, dann haben sie sie inzwischen längst wieder vergessen.

Wie diese Kinder in fünf, zehn oder fünfzehn Jahren leben, was sie antreibt und wofür sie sich einsetzen werden, das liegt in unserer Hand – und zwar jetzt!

Ein Beispiel: Kürzlich stellte eine auflagenstarke deutsche Sonntagszeitung einer großen Leserschaft eine typische Arche-Familie vor. Die Eltern, beide um die dreißig, haben sechs Kinder. Der Vater erzählte der Journalistin von seiner jahrelangen Arbeitslosigkeit und von seinem Wunsch nach einem sicheren Job. Die Mutter äußerte sich ähnlich. Nach dem Erscheinen des Artikels hagelte es Jobangebote, vor allem für den Vater. Dieser lehnte allerdings alle Angebote ab und versteckte sich hinter dem Argument: „Meine Frau ist krank und ich muss mich um die Kleinen kümmern." Uns hat er etwas anderes erzählt: Er hätte große Angst, den Job sofort wieder zu verlieren. Nach über zehn Jahren ohne feste Arbeit war sein Selbstvertrauen nahezu bei null angelangt. Das ist bei fast allen „unseren" Familien so. Viele Eltern sagen inzwischen: „Ich kann nichts und ich bin nichts", und das ist es auch, was sie ihren Kindern vermitteln. Wer traut sich nach jahrelangem Dahinvegetieren denn noch zu, wieder ins Berufsleben zurückzukehren und dort auch noch zu überzeugen? Nach unseren Erfahrungen in der täglichen Arbeit mit diesen Familien sind das die wenigsten. Viele dieser Eltern muss man leider abschreiben.

Wie oft fallen Bemerkungen über langjährige Hartz-IV-Empfänger – wie zum Beispiel: „Wenn die nur wollten, dann hätten sie auch einen Job." Aber abgesehen von dem eben geschilderten Problem: Woher wollen wir Millionen von Jobs nehmen, wenn die Politik nicht bereit ist, dafür die notwendigen Richtlinien und Rahmenbedingungen zu schaffen und die Wirtschaft nicht bereit ist, Stellen zu schaffen?

Perspektivlosigkeit ist eine regelrechte Seelenqual, unter der viele Menschen in unserem Land zu leiden haben und die sehr schnell in Aggression umschlagen kann.

Wollen wir nicht wenigstens den Kindern in unserem Land eine Perspektive geben? Eine reale Hoffnung auf eine Zukunft? Das würde bedeuten, dass wir sie endlich in unsere Gesellschaft eingliedern müssen, statt sie von Bildung und sozialem Leben auszugrenzen.

Wir sollten die Gefahr nicht unterschätzen, die hier schlummert. Die Wirtschaftskrise wird vorbeigehen – so plötzlich, wie sie gekommen ist. Alles andere aber wird bleiben, wenn wir nicht eingreifen. Dann werden viele der benachteiligten Kinder irgendwann auf die Straße gehen. Wenn in Deutschland Hunderttausende von Hartz-IV-Empfängern, Geringverdienern und Migranten demonstrieren und möglicherweise Gewalt anwenden, um ihre vermeintlichen Rechte durchzusetzen und ihren Status zu verbessern, dann steht ein Verlierer schon fest: Deutschland.

> Perspektivlosigkeit ist eine regelrechte Seelenqual, unter der viele Menschen in unserem Land zu leiden haben und die sehr schnell in Aggression umschlagen kann.

Was wir jetzt in unsere Kinder investieren, das werden sie uns später zurückzahlen, in die Rentenkassen und als Sozialbeiträge. Ansonsten werden wir für sie in die Sozialkassen einzahlen müssen. Deutschland als ein Land der Zweiklassengesellschaft – wann nur wird die Politik endlich begreifen, dass wir davon nur noch wenige Meter entfernt sind?

Die folgende Geschichte ist ein besonders trauriges Beispiel dafür, was für Auswirkungen die Perspektivlosigkeit von Eltern auf die Situation ihrer Kinder haben kann ...

Lars

Der zwölfjährige Lars lebt in einer Wohngruppe. Was hat er in seinem jungen Leben nicht schon alles durchgemacht! Noch bis vor einem Dreivierteljahr lebte er mit seiner Mutter und vier Geschwistern in einem Plattenbau in Ostberlin. Zu seinem Vater hat Lars nur noch wenig Kontakt. Immer, wenn der in der Vergangenheit die Familie besuchte, setzte es für die Kinder Hiebe.

Die Mutter lebt von Hartz IV und wird wohl niemals in der Lage sein, einer geregelten Arbeit nachzugehen. Sie hat nichts gelernt und musste auch nie morgens früh aufstehen, um einen Job auszuüben. Wenn die Mutter müde ist, bleibt sie auch schon mal den ganzen Tag im warmen Bett liegen. Um die jüngeren Geschwister musste sich deshalb auch meist Lars kümmern. Er versorgte die Kleinen morgens mit Frühstück und brachte sie in die Kita, bevor er selbst in die Schule ging. Dort war er oft so müde, dass er während des Unterrichts einschlief. Der Junge trug so viel Verantwortung wie ein Großer. Selbst Kind sein durfte er schon lange nicht mehr. So verlernte Lars auch zu spielen und war am liebsten mit Erwachsenen zusammen.

Der Fernseher lief in diesem Haushalt oft bis zu 16 Stunden am Tag. Die Kinder kennen deshalb jede Serie. Der Fernseher war lange Zeit der Einzige, der mit ihnen

„sprach". Wenn die Mutter mit den Kindern redete, dann schimpfte sie meist oder bellte ihnen irgendwelche Befehle zu. Ein normales, ruhiges Gespräch gab es so gut wie nie. Dementsprechend schlecht steht es um das eigene Sprachvermögen der Kinder.

Trotzdem weiß Lars seinen Willen energisch deutlich zu machen. Wenn etwas nicht nach seinen Vorstellungen läuft, dreht er auch schon mal durch. Dann ist er kaum zu bändigen. In solchen Momenten war seine Mutter völlig hilflos, und sie wusste nicht, was sie mit ihm machen sollte. Eine solche Situation führte dann auch letztendlich zu einem dramatischen Ereignis.

Es war Weihnachten. Der Tag begann jedoch „ganz normal" wie so viele andere: Die Mutter lag bis um 11:00 Uhr im Bett, sodass sich Lars wieder einmal um seine jüngeren Geschwister kümmern musste. Als die Mutter endlich aufgestanden war, schickte sie den Jungen in den Supermarkt, um noch etwas für die Feiertage einzukaufen. Einen Zettel mit den Einkaufswünschen gab sie ihm allerdings nicht mit. Lesen und vor allem Schreiben waren nicht gerade ihre Stärke.

Wieder zu Hause, bekam der Junge sofort Ärger, weil seine Mutter mit dem Einkauf nicht zufrieden war. Was sie aber genau hätte haben wollen, konnte sie ihrem Sohn auch nicht sagen. Die wenigen Lebensmittel kamen in den Kühlschrank und die Süßigkeiten auf den Tisch. Der Weihnachtsbraten musste also auch in diesem Jahr wieder ausfallen.

Abends kam dann eine Freundin der Mutter mit ihren drei Kindern zu Besuch. Die beiden Frauen und alle Kinder saßen im winzigen Wohnzimmer. Der Fernseher lief, man trank Cola und aß Chips. Geschenke für die Kinder hatte es zum Fest nicht gegeben, auch kein richtiges Weihnachtsessen.

Die beiden Freundinnen rauchten eine Zigarette nach der anderen, und der Wohnraum war mit der Zeit so verqualmt, dass man kaum noch etwas sehen konnte. Da es draußen furchtbar kalt war, dachten die Frauen gar nicht daran, die Fenster zu öffnen. Die gesamte Situation, die Enge, die permanente akustische Berieselung vom Fernseher, der Rauch – all das nährte die Unruhe bei den Kindern, sie stritten unentwegt und die Frauen wurden immer genervter. Lars schlug schließlich vor, etwas zu spielen, am liebsten „Mensch ärgere dich nicht", doch darauf hatten die Mütter nun wirklich keine Lust.

Schließlich brachen bei Lars alle Dämme. Der Junge fing bitterlich an zu weinen, er steigerte sich immer weiter in die Situation hinein, bis er einen regelrechten Schreikrampf bekam. Das Ganze dauerte fast eine Stunde. Die beiden Mütter waren mit der Situation absolut überfordert und wussten einfach nicht mehr, was sie machen sollten. Dann kam die Freundin auf eine, wie sie fand, tolle Idee: Sie rief die Polizei an und ließ den hysterisch schreienden und um sich tretenden Jungen zum Kindernotdienst bringen. So hatten die beiden Frauen wenigstens etwas Ruhe, wie sie ein paar Tage später anderen Müttern aus der Arche erzählten.

Seit diesem Weihnachtsfest lebt Lars nicht mehr bei seiner Mutter und seinen Geschwistern.

Einige Wochen später wurden beiden Müttern auch die anderen Kinder weggenommen. Die Mutter von Lars hatte zumindest noch einen Trost: Sie war bereits wieder schwanger. Ihrer Freundin fiel es jedoch schwerer, die Geschichte zu verarbeiten. Sie wurde nach einem Selbstmordversuch in ein Krankenhaus eingeliefert, hat sich aber inzwischen wieder erholt.

Lars kam nach den ersten Tagen beim Kindernotdienst in eine Wohngruppe. Dort hatte er große Probleme mit den anderen Kindern, war der Junge doch viel stärker auf Erwachsene fixiert.

Er vermisst und liebt seine Mutter mehr denn je und hält trotz allem zu ihr. Immer wieder büxt er aus seiner Wohngruppe aus und läuft zurück zu seiner Mutter. Die droht ihm dann mit der Polizei und lässt ihn wieder zurückbringen. Doch auch das mindert seine Liebe zu seiner Mutter nicht.

Nach einigen Monaten in der Wohngruppe durfte Lars zum ersten Mal offiziell für ein Wochenende zu seiner Familie. Dass er am Sonntagabend wieder zurück in die Wohngruppe musste, war eine regelrechte Qual für ihn. Dreimal war Lars mittlerweile ein ganzes Wochenende bei seiner Mutter. Oft weigert sich der Junge einfach, in den Zug zurück zu seinem neuen Zuhause zu steigen. Auf die Idee, ihren Jungen einmal dorthin zu begleiten, kommt die Mutter nicht. Dazu fehlt ihr einfach der Antrieb.

Zwei Geschwister von Lars leben inzwischen wieder bei der Frau. Die anderen werden wohl nicht wieder zurückdürfen. Auch für Lars sieht es nicht danach aus.

In der Schule macht er sich dank der Hilfe seiner Erzieher prima. Seine Leistungen haben sehr stark angezogen. Er hat aber nur einen Wunsch: „Ich will wieder zu meiner Mama. Die ist die Beste auf der Welt!"

Wenn man Lars nach materiellen Wünschen fragt, zuckt er mit den Schultern. Geschenke lässt er oft wenig beachtet liegen. Was wäre wohl in einer anderen Familie aus Lars geworden? Wenn man seine Mutter, auch seinen Vater und seine Geschwister sieht, staunt man, was dieser Junge bisher aus sich gemacht hat. Wir hoffen, dass er weiterhin stark genug ist, um alle Schwierigkeiten zu meistern.

„Perspektivlos" ist das Wort, das Lars' Mutter wohl am treffendsten beschreibt. Und Perspektivlosigkeit ist auch das, was sie ihren Kindern vorlebt. Dass Lars sich trotz aller Vorkommnisse nach seiner Mutter sehnt, ist nicht ungewöhnlich. Kinder lieben nun mal ihre Eltern – egal, wie die sich ihnen gegenüber verhalten. Es ist Lars sehr zu wünschen, dass er in den Erziehern seiner Wohngruppe mit der Zeit echte Bezugspersonen findet, die er als Vorbild akzeptieren kann und die ihm eine bessere Perspektive für seine Zukunft aufzeigen können als seine Mutter.

Kevin

Der neunjährige Kevin ist ein lebhafter und sportlicher Junge. Wenn er in der Arche ist, liebt er es, auf dem Gelände Fahrrad oder Inliner zu fahren. Er kommt seit zwei Jahren fast täglich nach der Schule in unsere Berliner Einrichtung. Er fährt mit auf Ausflüge und jedes Jahr zweimal ins Feriencamp. Kevin macht seine Hausaufgaben bei uns und feiert auch seine Geburtstage in der Arche.

Der Junge macht gerne lautstark auf sich aufmerksam. Oft brüllt er durch die Gänge, beschimpft Kinder und Mitarbeiter und gebraucht auch schon einmal deftige Kraftausdrücke. Aber er meint es nie böse.

Seine Eltern leben seit einiger Zeit getrennt – allerdings in demselben Mehrfamilienhaus. Kevin hat noch drei Geschwister, die sind jedoch bei der Mutter; nur Kevin lebt bei seinem Vater. Obwohl alle in demselben Haus wohnen, sieht Kevin seine Geschwister nur einmal in der Woche, was er sehr traurig findet. Er darf sie nicht öfter sehen. Mutter und Vater wollen das so. Die Eltern sind hoffnungslos zerstritten. Immer wieder wird der Streit auch über die Etagen hinweg ausgetragen, denn ganz aus dem Weg gehen können sie sich natürlich nicht, solange sie im selben Haus leben.

Kevin und seine Schwestern treffen sich hin und wieder heimlich. Diese Zeit genießen sie sehr. Die Geschwister spielen dann Verstecken oder Fangen, erzählen sich die neuesten Geschichten und träumen davon, wie schön es wäre, wieder ganz zusammen zu sein. Früher konnten sie sich jeden Tag in der Arche sehen, aber das geht leider nicht mehr, da die Große jetzt eine Tagesgruppe besuchen muss und die Kleinen nicht allein in unsere Einrichtung kommen dürfen. Für Kevin ist das wie eine Strafe.

Auch bei den Mädchen läuft einiges schief, doch sie haben wie ihr Bruder gelernt, sich ihren Schutzpanzer anzuziehen, um mit ihrer Realität klarzukommen. Auch sie vermissen ihren Bruder und verstehen nicht, dass die Erwachsenen solche Probleme miteinander haben. Ihre kindliche Wertevorstellung ist so ganz anders als die ihrer Eltern und nach ihrem Denken könnte doch alles so einfach sein.

Kevin träumt von einem großen eigenen Haus mit Pool und genug Geld zum Leben, auch wenn er nicht genau weiß, was er damit kaufen würde ... Die Nähe zu seiner ganzen Familie, die er so sehr vermisst, ist ja leider mit Geld nicht zu erwerben.

Sein großer Wunsch ist es, einmal Polizist zu werden. Wir sprechen oft darüber, besonders, wenn er einen Durchhänger in der Schule hat und wieder einmal eine schlechte Note geschrieben hat, weil ihn die Situation zu Hause zu sehr belastet. „Was braucht man, um Polizist zu werden?", fragen wir ihn dann, und die Antwort kommt wie aus der Pistole geschossen: „Gute Noten!" Und dann strengt er sich wieder doppelt an, denn diesen Wunsch will er nicht gefährden.

Wenn man sich diesen Jungen flüchtig anschaut, dann denkt man im ersten Moment, dass ihm alle Türen offenstehen und dass er sorglos seine Kindheit genießt. Doch leider sieht seine Realität ganz anders aus.

Kevin hat aber noch einen viel größeren Wunsch. Sofort würde er all seine anderen Träume an den Nagel hängen, wenn dann nur dieser eine in Erfüllung gehen würde: dass sein Vater wieder gesund wird! Vor einigen Jahren ist Kevins Vater an Krebs erkrankt. Er muss starke Medikamente nehmen, um die Tage überhaupt überstehen zu können. Aussicht auf Heilung besteht nicht. Seine Krankheit schwächt ihn so sehr, dass er nicht mehr in der Lage ist zu arbeiten. Aus diesem Grund leben er und Kevin von Transferleistungen.

Schon häufig hat Kevins Vater uns gefragt: „Was wird mit meinem Sohn, wenn ich nicht mehr bin? Kümmert ihr euch um ihn? Bitte, ich möchte so sehr, dass es ihm gut geht!"

Oft schon, wenn es dem Vater besonders schlecht ging, kam Kevin zu uns und fragte: „Könnt ihr ihn mal besuchen und nach ihm sehen?" Im vergangenen Jahr war es einmal so schlimm, dass auch die Ärzte dachten, dass es noch in der folgenden Nacht zu Ende gehen würde. Aber dann erholte sich der Mann wie durch ein Wunder wieder.

Natürlich leidet Kevins Vater sehr unter der Situation und aufgrund seiner Krankheit ist er vielleicht auch manchmal zu streng zu seinem Sohn. Aber er liebt ihn von ganzem Herzen, und das weiß Kevin auch.

„Würde mein Papa doch wieder gesund werden, dann könnten wir beide mal richtig zusammen in den Urlaub fahren oder etwas Tolles unternehmen!"

Die beiden waren, wie Kevin uns erzählt hat, bis jetzt nur einmal in Thüringen, weiter weg war Kevin noch nicht. Jetzt möchte er endlich einmal etwas „richtig Großes" mit seinem Vater unternehmen, vielleicht auch weil er weiß, dass er dazu nicht mehr allzu lange die Chance hat. Kevin würde sicherlich bereitwillig auf alles andere verzichten, wenn dafür sein Vater wieder gesund werden würde. Und weil er merkt, wie hoffnungslos das ist, rastet er manchmal einfach aus.

Ein kleiner Junge, der eigentlich viel zu viel tragen muss. Auf der einen Seite ist da die Trennung von seinen Geschwistern, obwohl die in seiner unmittelbaren Nähe leben, und auf der anderen Seite der krebskranke Vater, den er unendlich liebt und dessen Zukunft so aussichtslos ist.

Kevin freut sich schon riesig auf unser nächstes Abenteuercamp, auch wenn bis dahin noch einige Monate ins Land gehen. Er redet ständig darüber, was wir dort wieder alles erleben werden – er kennt das schon aus früheren Freizeiten. Am besten gefallen ihm dort die Spiele, die Natur und vor allem die Nachtwanderungen. Er ist im Camp fast nicht müde zu bekommen, obwohl er von frühmorgens bis spätabends auf den Beinen ist. Er klettert auf Bäume, spielt Fußball, räumt freiwillig den Tisch ab, rutscht, klettert, schwimmt, tobt und singt, bis er nicht mehr kann. In diesen Tagen ist er vollkommen glücklich und ausgeglichen. Vielleicht weil er dann mal für eine Weile einfach ein Kind sein kann und sich nicht mit Dingen beschäftigen muss, die drei Nummern zu groß für ihn sind.

Kinder wie Kevin brauchen, wenn schon um sie herum alles zu zerbrechen droht, Menschen in ihrem Umfeld, die sich ihrer annehmen und die ihnen ein Gefühl von Geborgenheit, Liebe und Sicherheit vermitteln, die ihnen zeigen, dass es auch für sie noch eine Perspektive gibt, und sie auf ihrem Weg begleiten. Das versuchen wir in der Arche zu sein – doch es gibt noch so viele Möglichkeiten, wie Kindern wie Kevin geholfen werden kann:

Nachbarn oder Freunde, die bei den Hausaufgaben helfen, geben Kindern das Gefühl, dass es Menschen gibt, die sich für sie interessieren, und ihr Selbstwertgefühl wird gestärkt.

Patenschaften für einen Sport- oder Musikverein ermöglichen Kindern wie Kevin, ihr Potenzial auch dann auszubauen, wenn Eltern nicht genügend Geld für diesen Unterricht haben.

Freizeiteinrichtungen mit kostenlosen Angeboten, die keine hundertprozentige Verlässlichkeit erwarten, werden Kinder erreichen, die mit wenig Struktur aufwachsen, diese aber durch Nachhaltigkeit entwickeln können.

Ältere Menschen können sich über Ehrenamtsbörsen als Oma oder Opa anbieten für Familien, deren Verwandte weit entfernt wohnen. Sie können vorlesen, mit den Kindern auf Spielplätze gehen oder auch die Eltern durch Gespräche stärken.

Manchmal sind es Kleinigkeiten, die eine große Wirkung haben!

Karina

Die elfjährige Karina lebt gemeinsam mit ihrer Mutter und ihrer Schwester in einem Mehrfamilienhaus in Hamburg. Sie hat kein eigenes Zimmer, sondern muss sich eins mit ihrer Schwester teilen, die sie nicht besonders zu mögen scheint. Sie erzählt uns von ständigen Streitereien und dass sie sich öfter auch mal schlagen.

Von ihrem Vater redet sie nicht, er lebt nicht bei der Familie. Ob Karina ihn überhaupt kennt, wird im Gespräch mit ihr nicht deutlich. Aber ihre Oma besucht sie jeden Sonntag, weil die dann frei hat.

Karina spielt gern mit kleineren Kindern. Egal, ob es die Kinder ihrer Nachbarn sind oder ihre Halbcousins – sie beschäftigt sich gern mit ihnen und passt auf sie auf. Manchmal geht sie mit den Kleinen auf einen der Spielplätze, die sich zwischen den Reihenhäusern befinden. Dort schubst sie dann die Kinder beim Schaukeln an oder sie rutscht mit ihnen.

Manchmal geht Karina auch zu den Nachbarskindern nach Hause, um dort auf sie aufzupassen – eine große Verantwortung, die ihr aber nichts ausmacht und die sie auch nicht als belastend empfindet.

Hin und wieder geht Karina mit ihrer Mutter auch ins Zentrum zum Einkaufen. Dort gibt es einen Aldi, einen Dönerladen, einen Zahnarzt, einen Ein-Euro-Laden und seit Neuestem den Niedrigpreis-Kleidungsdiscounter *Kik*. Über den *Kik* freut sich vor allem ihre Mutter, denn da gehen sie immer einkaufen und vorher war der *Kik* so weit weg. Karina begleitet ihre Mutter gern, weil sie ihr beim Tragen der Einkäufe helfen möchte. Sie selbst mag am liebsten den Ein-Euro-Laden.

Karina ist nicht in Deutschland geboren, sondern in Russland. Sie war noch ganz klein, als ihre Familie hierher kam, und kann sich deshalb nicht mehr so gut daran erinnern. Zu Hause spricht sie mit ihrer Mutter und ihrer Schwester sowohl Russisch als auch Deutsch. Deutsch kann sie aber besser als Russisch. Aber wenn ihre russischen Halbcousins sie zum Beispiel auf dem Spielplatz beleidigen, dann versteht Karina das sehr wohl. Später will Karina Russisch noch besser lernen, damit sie die Sprache auch lesen und schreiben kann.

In der Arche ist Karina nicht so oft, weil sie mit dem Bus hinfahren müsste. Wenn sie in die Arche geht, wird sie meistens von ihrer Mutter gebracht. Bei den Feriencamps ist Karina allerdings immer mit dabei.

An den Arche-Camps gefällt Karina besonders, dass sie dort reiten kann, denn sie liebt Pferde. Zu Hause hat sie leider keine Möglichkeit dazu, weil die Familie kein Geld für Reitstunden hat. Im Sommercamp hat Karina mit den Pferden sogar einen Sketch aufgeführt.

Um zur Schule zu kommen, muss sie ebenfalls mit dem Bus fahren. In den Pausen steigt Karina gern mit ihren Klassenkameraden im Kletterbaum herum. Ein Junge kann das besonders gut, er klettert wie ein Affe und springt von Ast zu Ast, erzählt sie. Ansonsten „chillt" sie in der Schule mit ihren Freundinnen, das heißt, sie sitzen herum und quatschen miteinander.

Einen richtigen Lieblingsort hat Karina eigentlich nicht. Dafür gibt es einen Ort, den sie überhaupt nicht mag: den Ententeich.

An dem Teich ist ein kleiner Spielplatz. Gemeinsam mit einer Freundin ist sie mal dort gewesen und musste dabei zusehen, wie ein kleiner Vogel von anderen Vögeln getötet wurde. Karina erzählt, dass die Vögel im Gebüsch verschwanden, und dann war der eine plötzlich tot. Sie glaubt, dass es Enten waren und dass die einfach auf den einen Vogel losgegangen sind, weil er eine andere Farbe hatte. Dabei hatte der Vogel den Enten gar nichts getan. Seitdem mag Karina den Ort nicht mehr.

Karina hatte selbst einmal Vögel zu Hause; seit die weg sind, hat sie keine Haustiere mehr. Aber sie hätte gern einen Hund, am liebsten einen Dackel. Ihre Nachbarin hat eine Dackelhündin, die Waldi heißt und die Karina sehr gerne mag. Waldi ist allerdings etwas schüchtern.

Karina mag alle Tiere. Deshalb will sie später auch einmal Tierärztin werden. Auch wenn sie Pferde besonders gernhat, will sie später lieber Hunde verarzten, denn zu den Pferden muss man ja immer hinfahren, und sie würde lieber in ihrer Praxis bleiben. Karina glaubt aber nicht, dass sie später wirklich Tierärztin werden kann, denn das ist ganz schön schwer, wie sie weiß.

Wenn Karina auf ihrem Weg alleingelassen wird, wird sie es tatsächlich sehr schwer haben, ihr großes Ziel, Tierärztin zu werden, zu erreichen. Wir müssen sie an die Hand nehmen, denn sie muss vor allem einen guten Schulabschluss schaffen. Noch hat Karina dieses Ziel vor Augen. Die nötige Intelligenz, das Durchsetzungsvermögen und die Kraft dazu hätte sie. Würde

Karina in einer ganz normalen Familie aufwachsen, dann würde sie ihr Ziel auch erreichen können, da sind wir uns sicher. Bleibt zu hoffen, dass sie Menschen findet, die ihr helfen, damit sie es trotz einiger Hindernisse nicht über kurz oder lang aus den Augen verliert, Menschen, die ihr eine Perspektive bieten.

Angelique

Das folgende Porträt stellt ein Mädchen vor, das in wohlsituierten Verhältnissen aufwächst. Angeliques Ausgangsvoraussetzungen sind wesentlich besser als die der meisten Kinder, mit denen wir tagtäglich in unserer Arbeit zu tun haben. Wir würden uns wünschen, dass mehr Kinder in unserem Land so viel Unterstützung erfahren wie Angelique.

*

Angelique ist ein hübsches, aufgeschlossenes neunjähriges Mädchen. Sie lebt im Herzen Berlins, ganz in der Nähe vom „Alex". Sie hat lange, dunkelblonde Haare und ist 1,35 Meter groß. Ihre Mutter arbeitet als Justizangestellte, nur wenige Meter von der kleinen Plattenbauwohnung entfernt. Ihr Papa, den sie leidenschaftlich liebt, ist eigentlich nicht ihr richtiger, oder besser: nicht ihr leiblicher Vater. Der hat sich schon sehr früh aus dem Staub gemacht und hat keinen Kontakt mehr zu seinem Kind.

Angie, so wird sie von ihren Eltern und Freunden genannt, ist sehr selbstbewusst. Sie ist mit ihrem Aussehen zufrieden. Gern zeigt sie ihr offenes Lachen. „Später will ich einmal ganz lange Haare haben, bis zum Po." Zur Schule geht sie sehr gern und sie zeigt dort auch ganz gute Leistungen. Kunst, Musik und Lebenskunde sind ihre Lieblingsfächer. „Gestern haben wir in der Schule was ganz Tolles gemacht: Wir haben uns die Hände angemalt und Abdrücke auf Papier gemacht. Diese Bilder schicken wir an Kinder, die in Ländern leben, wo Krieg ist. Zum Beispiel Afghanistan."

Angie hat drei beste Freundinnen, oder sind es fünf? Sie ist sehr beliebt in der Schule und mit ihren Eltern kommt sie auch richtig gut aus. Nur Papa, der ist ein bisschen strenger als Mama. Manchmal heißt es dann: „Ab in dein Zimmer." Aber Papa hat ja auch manchmal recht, da ist sie sich sicher. An ihre Mama hat Angie einen großen Wunsch: Sie soll endlich mit dem Rauchen aufhören.

Das Berliner Mädchen hat verschiedene Hobbys. Zum Beispiel spielt sie unheimlich gern Fußball. „Die Jungs sagen immer, ich bin der Beste!", grinst sie. Auch hier zeigt das Kind sehr viel Selbstbewusstsein. Später will sie vielleicht mal Fußballspielerin werden, „bei Turbine Potsdam". Sie hat aber auch ein Faible für Mode. Nach Möglichkeit will sie immer gut aussehen. Ihr Vorbild ist Paula, ihre 19-jährige Tante. „Die ist so hübsch und so schlank. So will ich auch einmal sein." Außerdem kocht Angie sehr gern. Hin und wieder hilft sie ihrer Mutter deshalb auch in der Küche. Ihre Lieblingsgerichte sind Eierkuchen und Pizza, und die kann sie auch schon ganz allein zubereiten. „Und Papa isst die auch wahnsinnig gern!", berichtet sie stolz.

Angie wünscht sich, später einml in einem großen Haus zu wohnen mit einem „supernetten Mann, der einen tollen Beruf hat. Wir würden dann viele Tiere haben: ein kleines Krokodil, eine Schildkröte, Hamster und Meerschweinchen. Und vielleicht werde ich ja vorher Topmodel, wie im Fernsehen."

Oft träumt das Mädchen auch von anderen Ländern. New York, da soll es toll sein, da will sie später mal hin. Aber auf Kreta ist es auch schön. Da war sie schon einmal mit ihren Eltern. Bald geht es nach „Rote Lanze", erzählt die Kleine mit leuchtenden Augen und voller Begeisterung. Papa klärt das Ganze dann auf: Die Tickets für zwei Wochen Lanzarote sind gerade erst gebucht.

„Ich geh aber nicht ins Meer", erklärt Angie, „das ist mir zu groß und zu kalt. Ich gehe lieber mit meinen Freundinnen in den Pool." Diese Freundinnen muss sie dort aber erst noch kennenlernen.

Nach dem Urlaub hat sie schon ein neues Ziel: „Dieses Jahr Silvester darf ich Freundinnen einladen und bis fünf Uhr aufbleiben – oder bis drei oder bis ich dann halt müde bin."

Für ihren geliebten Papa hat sie noch einen ganz großen Wunsch: Er arbeitet in einer Waschstraße und da ist es immer so laut. „Warum kann die keiner leiser machen?"

Angie – ein ganz normales Kind mit ganz normalen Wünschen, Träumen und guten Chancen auf eine gute Zukunft. Mit ihren Eltern lebt sie ein glückliches Leben in einer ganz normalen Familie. Sie wird aller Wahrscheinlichkeit nach einen ordentlichen Schulabschluss schaffen, bekommt Hilfe und Unterstützung von ihren Eltern, fährt hin und wieder in Urlaub. Sicher ist sie kein hochprivilegiertes Kind, und doch lebt sie in einer völlig anderen Welt als viele unserer Arche-Kinder.

Eigentlich ist es ganz einfach, seinen Kindern einen guten Start in ihr Leben zu schenken. Angie wird ihn für sich nutzen, andere haben diese Chance nicht. Ihnen müssen wir helfen, ihnen müssen wir eine Perspektive schenken.

Kapitel 5

Was wir tun können
Wir alle sind gefragt

„Kinder sind unsere Zukunft!" Dieser Satz ist völlig zutreffend. Warum nur bleiben dann im Moment so viele Kinder in unserem Land auf der Strecke? Nur wenn wir ihnen eine Chance geben, hat auch unser Land eine Chance auf eine hoffnungsvolle Zukunft! Und jeder kann dazu beitragen, dass sich am derzeitigen Zustand etwas ändert. Mehr noch: Wir alle stehen in der sozialen Verpflichtung, uns für die benachteiligten Kinder in unserem Land einzusetzen! Jeder ist gefordert.

Forderungen an den Staat

„Hartz IV reicht zum Leben" – diesen Satz hören wir immer wieder. Natürlich kann man damit überleben. Die Frage ist aber: Kommt das Geld da an, wo es gebraucht wird? Für die Kinder aus Hartz-IV-Familien ist beispielsweise zwar Essen vorhanden, aber die Qualität der Ernährung lässt leider viel zu oft zu wünschen übrig.

Wir haben in Kapitel 1 unter dem Abschnitt „Wie viel ‚kostet' ein Kind?" die Rechnung gesehen. Eine vollwertige Ernährung ist von dem Hartz-IV-Satz für Kinder von 211 Euro im Monat nicht möglich. Deswegen ist der allgemeine Gesundheitszustand dieser Kinder auch oft schlecht. Geld für Bücher, Bildung und die Teilnahme am sozialen und kulturellen Leben steht ihnen sowieso nicht zur Verfügung. Sie werden praktisch vom ersten Tag ihres Lebens an aus unserer Gesellschaft ausgegrenzt.

Damit, dass wir diesen Zustand einfach so hinnehmen, verletzen wir die Rechte der Kinder, die in der UN-Konvention für Kinderrechte festgeschrieben sind: das Recht auf körperliche Unversehrtheit, auf Bildung und auch auf Gesundheit und Ernährung. Alle diese Punkte können wir unseren Kindern in Deutschland derzeit nicht zusichern.

„Kinder sind unsere Zukunft!" Dieser Satz ist absolut wahr. Warum nur bleiben im Moment so viele Kinder in unserem Land auf der Strecke? Nur wenn wir ihnen eine Chance geben, hat auch unser Land eine Chance auf eine hoffnungsvolle Zukunft!

Und wie verhält sich die Politik? Ein führender Berliner Finanzsenator einer (immerhin) rot-roten Regierung macht zur Unterhaltung der Berliner Stammtische immer wieder seine Witze über die Berliner Hartz-IV-Empfänger. Dass in Berlin mittlerweile fast 40 % aller Kinder von Transferleistungen leben, erschüttert ihn anscheinend nicht groß. Woran liegt es nur, dass so viele von uns so gerne auf „die da unten" herabsehen?

Wir fordern und verlangen von der Politik, dass sie in unsere Kinder investiert – ganz gleich, ob diese aus reichen oder armen Verhältnissen stammen. Unsere Kinder müssen besser gefördert werden. Sie haben einen Anspruch auf kostenlose Bildung, auf die Teilnahme am sozialen Leben. Wenn die Eltern – aus welchen Gründen auch immer und ob diese nun gerechtfertigt sind oder nicht – ihre Kinder nicht fördern (können), dann muss der Staat diese Aufgabe mit übernehmen.

Ein Anfang wäre schon damit gemacht, dass der Staat den Familien, die allein nicht zurechtkommen, ganz praktisch unter die Arme greift, indem er dafür sorgt, dass es ein Angebot an kostenlosen Kursen für sozial benachteiligte Kinder und ihre Eltern gibt. Eine sinnvolle Hilfe könnten zum Beispiel Kochkurse sein, in denen die Teilnehmer über gesunde Ernährung aufgeklärt werden. So traurig es ist: Viele Eltern wissen nicht, wie eine ausgewogene Ernährung aussieht. Sie brauchen dringend Hilfe von jemandem, der ihnen erklären kann, wie sie sich und ihre Kinder gesund ernähren können. Genauso dringend brauchen viele dieser Eltern Tipps zum Thema „Kindererziehung".

> Unsere Kinder müssen besser gefördert werden. Sie haben einen Anspruch auf kostenlose Bildung, auf die Teilnahme am sozialen Leben.

Aber wie gesagt: Das wäre nur ein Anfang. Darüber hinaus muss sich dringend etwas an unserem Bildungssystem ändern. Bildung darf kein Luxus mehr sein! Das fängt schon mit dem Kindergarten an. Leider gibt es immer noch Regionen, in denen Hartz-IV-Empfänger nicht unbedingt einen Anspruch auf einen Kita-Platz für ihr Kind haben. Und viele Eltern können sich auch einen Kindergarten gar nicht leisten. Einigen Bundesländern ist es gelungen, mit einem Kita-Gutschein[12] Abhilfe zu schaffen. Genau das ist auch der richtige Weg. Allerdings sollte man nicht jedes Bundesland für sich allein entscheiden lassen, sondern das gesamte Bildungssystem auf Bundesebene anpassen.

Weiter sind wir der Überzeugung, dass es nicht vom Portemonnaie der Eltern abhängen darf, ob ein Kind sich Schulhefte und Arbeitsmaterialien wie Stifte und Zirkel leisten kann oder nicht. Diese Dinge gehören einfach zur Grundausstattung, die ein Kind braucht, um aktiv am Unterricht teilzunehmen. Das Gleiche gilt für das Schulessen. Die Möglichkeit, in der Schule regelmäßig eine warme Mahlzeit zu erhalten, ist besonders für sozial benachteiligte Kinder von entscheidender Bedeutung, weil viele von ihnen in einem Haushalt aufwachsen, in dem niemand auf gesunde, geschweige denn regelmäßige Ernährung achtet.

Wir fordern daher eine Grundsicherung für Kinder, die gewährleistet, dass sie mit allem Nötigen ausgestattet werden, was sie brauchen, um vernünftig lernen zu können. Auf diese Weise käme die Hilfe direkt an der richtigen Stelle an, und es wäre sichergestellt, dass die Kinder nicht darunter zu leiden haben, wenn ihre Eltern an den falschen Stellen – nämlich Bildung und Ernährung – sparen wollen. Der entsprechende Betrag müsste dann von den Bezügen der Eltern abgezogen werden.

Ein weiteres Problem in unserem Bildungssystem liegt darin, dass wir in Deutschland viel zu wenig Lehrer haben; dabei wird die Verantwortung dieser Pädagogen immer größer. Wir brauchen – insbesondere in den Brennpunktschulen – mehr Lehrer, vor allem solche, die pädagogisch sehr gut geschult sind und die Schüler differenziert betrachten und deren Hintergründe berücksichtigen, damit sie ihnen besser helfen können. Und wir brauchen kleinere, übersichtlichere Klassen.

Natürlich stehen wir hier vor einem finanziellen Problem. Bund, Land und Kommunen haben immer weniger Gelder zur Verfügung. Eine praktikable Lösung könnte jedoch so aussehen, dass die Wirtschaft stärker in die Bildung mit einbezogen wird. Es gibt inzwischen zahlreiche Unternehmen, die sich engagieren oder en-

> Wir fordern daher eine Grundsicherung für Kinder, die gewährleistet, dass sie mit allem Nötigen ausgestattet werden, was sie brauchen, um vernünftig lernen zu können.

gagieren wollen, doch bislang sperrt der Staat sich noch dagegen, weil er sich nicht in die Schulpolitik reinreden lassen will. Aber seien wir doch mal ehrlich: Gibt es überhaupt eine Alternative?

Wir in der Arche machen in dieser Hinsicht gute Erfahrungen. Die Arche-Schule wird zum Beispiel zur Hälfte von Geldern aus der Wirtschaft finanziert. So können wir uns kleine Klassen mit nicht mehr als 21 Kindern „leisten", die von mindestens zwei Pädagogen pro Klasse unterrichtet werden.

Weiter fordern wir ein Gremium aus Politik und Wirtschaft, das sich um Ausbildungsstellen für Jugendliche kümmert, die die Schule nicht geschafft haben. Die Aufgabe dieser Institution sollte es sein, Arbeitsplätze an Jugendliche zu vermitteln, die keinen Schulabschluss haben. Rund 80 % aller jungen Menschen, die keinen Schulabschluss haben, finden heute keinen Job, das haben Untersuchungen ergeben. Warum aber sollte eine junge Frau oder ein junger Mann einen Schulabschluss haben müssen, um beispielsweise bei der Müllabfuhr zu arbeiten?

Weiter fordern wir ein Gremium aus Politik und Wirtschaft, das sich um Ausbildungsstellen für Jugendliche kümmert, die die Schule nicht geschafft haben. Die Aufgabe dieser Institution sollte es sein, Arbeitsplätze an Jugendliche zu vermitteln, die keinen Schulabschluss haben.

Lehrer und andere Pädagogen könnten dieses Gremium wunderbar ergänzen. Sie sind in der Lage, Schwächen und Stärken junger Menschen realistisch einzuschätzen, und können sie so konkret beraten, wenn es um die Auswahl eines Jobs geht. Wenn heutzutage so viele Kinder und Jugendliche aufgrund ihrer Herkunft nicht in unser Schulsystem passen, dann muss das System eben auf diese Schüler reagieren. „Hilfe zur Selbsthilfe" nennt man so etwas.

Doch was wir vor allem brauchen, sind Politiker, die dafür offen sind, diese Mängel überhaupt zu sehen und ernst zu nehmen. Wir brauchen keine Sozialpolitiker, die als einziges Instrument ihrer Arbeit einen Rotstift mitbringen, um soziale Leistungen zu kürzen.

Nicht zuletzt brauchen wir aber auch erheblich mehr Sozialarbeiter, die in den Familien vor Ort direkt helfen. Diese Sozialarbeiter können auch die Brücke zwischen den Familien und den Schulen darstellen. In manchen Berliner Bezirken ist zurzeit ein einziger Sozialarbeiter für 160 Familien zuständig. Da reicht die Zeit nicht einmal für einen Besuch pro Jahr in jeder dieser Familien. Das ist ein Zustand, der nicht tragbar ist.

Doch was wir vor allem brauchen, sind Politiker, die offen dafür sind, diese Mängel überhaupt zu sehen und ernst zu nehmen. Wir brauchen keine Sozialpolitiker, die als einziges Instrument ihrer Arbeit einen Rotstift mitbringen, um soziale Leistungen zu kürzen. Wir brauchen keine Politiker, die polemisieren, sich auf Stammtischniveau über sozial Benachteiligte lustig machen und sich auf Kosten der Armen bereichern.

Die Politik muss begreifen: Die betroffenen Kinder kommen ohne unsere Hilfe aus der Armutsfalle nicht heraus. Wenn wir jetzt in sie investieren – auch und vor allem in ihre Bildung –, dann tun wir uns in erster Linie selbst einen Gefallen, denn sie werden es uns später zurückzahlen – in die Rentenkassen und als Sozialbeiträge. Ansonsten werden wir im wahrsten Sinne des Wortes teuer für unsere Fehlentscheidungen bezahlen.

Forderungen an Kirchen, Vereine und Schulen

In keinem westlichen Land hängt das Schicksal von Kindern so sehr von der Herkunft ab wie bei uns. Als Kind ist man in Deutschland mehr oder weniger gezwungen, die sozialen „Karrieren" der Eltern fortzusetzen. Viele wachsen förmlich in regelrechte „Sozialhilfeempfängerdynastien" hinein, ohne die Chance, dort je wieder herauszukommen. Will man diese sozialen Gefängnismauern durchbrechen, braucht man Hilfe von außen.

Diese Kinder brauchen ein Umfeld, in dem nicht der tägliche Existenzkampf im Mittelpunkt steht. Sie müssen wieder lernen, Kind sein zu dürfen, spielen zu dürfen, das Leben entdecken und genießen zu dürfen.

Ständig bekommen sie im Alltag zu hören: „Das geht nicht, das können wir uns nicht leisten." Sie haben keinen Musikunterricht, keinen Nachhilfeunterricht, sie kennen kein Kino, kein Konzert oder Ähnliches. Sie sind oft noch nie aus dem Bezirk, in dem sie leben, herausgekommen. Viele Kinder aus den Archen waren noch nie weiter als ein paar Kilometer von zu Hause weg. Die Gesellschaft behandelt sie wie Aussätzige, wie Unberührbare. Viele Tiere im Zoo haben es da wirklich eindeutig besser, wie die 14-jährige Silke feststellte; sie bekommen täglich Zuwendung, ausgewogene Nahrung und eine gute ärztliche Versorgung. Und: Diese Tiere werden von den Zoobesuchern geliebt. Zugegeben, das klingt sehr hart, aber letztendlich ist es doch tatsächlich so.

Hier haben vor allem auch die Kirchen eine wichtige Aufgabe. Jesus hatte ein großes Herz für Kinder; sie hatten einen besonderen Stellenwert für ihn. „Lasst die Kinder zu mir kommen", sagte er zu seinen Jüngern, die die ganz Kleinen von ihrem Meister fernhalten wollten,

> Als Kind ist man in Deutschland mehr oder weniger gezwungen, die sozialen Karrieren der Eltern fortzusetzen. Viele wachsen förmlich in regelrechte „Sozialhilfeempfängerdynastien" hinein, ohne die Chance, dort je wieder herauszukommen. Will man diese sozialen Gefängnismauern durchbrechen, braucht man Hilfe von außen.

weil sie – wie so viele Erwachsene – dachten, sie würden ihn nur stören. Doch weit gefehlt! Sie waren bei ihm mehr als willkommen. Und das sollten sie auch bei uns sein.

Christliche Kirchen und Gemeinden haben Werte und Hoffnung zu vermitteln, die die Kinder in unserem Land ganz dringend brauchen. Hausaufgabenbetreuung, Kindergruppen und Teeniekreise sind nur ein paar wenige Möglichkeiten, auch Kinder aus sozial benachteiligten Familien mit in die Gemeinschaft aufzunehmen und sie am sozialen Leben teilhaben zu lassen. Allerdings ist dafür ein aktives Nach-draußen-Gehen vonnöten, um den Kontakt überhaupt aufzubauen. Machen wir doch einfach ein paar Mal pro Woche die Türen unserer Kirchen und Gemeinden auf, spielen mit den Kids Kicker oder Tischtennis, essen zusammen, helfen bei den Hausaufgaben oder hören ihnen einfach nur zu – das ist die Zukunft der Kirche!

Aber es gibt noch mehr Möglichkeiten. Zum Beispiel sind Kirchen und Gemeinden Orte, an denen noch viel Musik gemacht wird. Geben wir doch den Kindern aus der Nachbarschaft die Chance mitzumachen. Laden wir sie ein, Gottesdienste mit vorzubereiten, spielen wir Theater mit ihnen oder basteln mit ihnen in den Seniorenkreisen und bringen damit Alt und Jung wieder zusammen. Ganz schnell werden wir merken, wie sehr jeder davon profitiert. Wir müssen Kinder nicht nur beschäftigen. Es ist viel wichtiger, sie ernst zu nehmen und ihnen zuzuhören, und da haben auch und vor allem unsere Kirchen und Gemeinden eine große Aufgabe, aber auch eine große Chance.

> Christliche Kirchen und Gemeinden haben Werte und Hoffnung zu vermitteln, die die Kinder in unserem Land ganz dringend brauchen.

Vereine können ebenfalls ihren Teil beitragen: Wir müssen Kinder in die Vereine holen, und das darf nicht an ein paar Euro Beitrag scheitern. Sport ist für die körperliche wie auch die seelische Entwicklung von Kindern von enormer Bedeutung. Zudem wird die soziale Kompetenz von Kindern in Teams gefördert.

Auch hier haben wir mit der Arche bereits sehr gute Erfahrungen gesammelt: Wir kooperieren schon seit einiger Zeit mit dem Fußballbundesligisten Hertha BSC Berlin. Die Arche bezahlt einen Sozialarbeiter, der sich an mindestens vier Tagen in der Woche um die Jugendmannschaften von Hertha kümmert. An einem Wochentag ist er in der Arche in Berlin und arbeitet mit unseren Kindern. Hertha BSC wiederum unterstützt die Arche-Kids, baut einen Fußballplatz auf dem Gelände der Arche, lädt die Kinder zu Spielen ins Olympiastadion ein und öffnet der Arche auch sonst viele Türen. Darüber hinaus zeigt Hertha großes Interesse an unserer Arbeit und die Vorsitzenden sind immer wieder Gast in unserer Einrichtung – manchmal auch mit dem einen oder anderen Profi, den die Kinder dann hautnah kennenlernen dürfen.

Wie sieht es mit den Schulen, Kindergärten, -horten und ähnlichen Einrichtungen aus? Erzieher können wunderbar engagierte Privatpersonen einladen, die sie in ihrer Arbeit unterstützen. Vielen Kindern fehlt zu Hause die persönliche Zuwendung eines Erwachsenen, der sich gerne und liebevoll mit ihnen beschäftigt. Warum soll man diesen Kindern nicht einen Paten zur Seite stellen, der regelmäßig in die Einrichtung kommt und

> Wir müssen Kinder in die Vereine holen, und das darf nicht an ein paar Euro Beitrag scheitern. Sport ist für die körperliche wie auch die seelische Entwicklung von Kindern von enormer Bedeutung.

Zeit mit ihnen verbringt? Immer mehr Kindergärten nehmen auch das Angebot von sogenannten Vorlesern an. Das können Omas, Opas oder Eltern von Kindergartenkindern sein, die in die Einrichtung kommen und den Kindern vorlesen. Eine wichtige Sache, die der Leseförderung dient, den Kindern gefällt und die Erzieher in ihrer Arbeit entlastet.

Eine weitere Möglichkeit der Förderung von Kindern – insbesondere von solchen, die zu Hause wenig Förderung bekommen – ist die, sie Musik machen zu lassen. Kindergärten und auch Schulen können Anzeigen aufgeben, in denen um Musikinstrumentenspenden gebeten wird. Viele haben zu Hause noch alte Blockflöten oder Ähnliches herumliegen, die schon lange nicht mehr gebraucht werden, über die sich die Kinder aber sicherlich freuen werden. Vielleicht findet sich auch noch ein engagierter Musiker, der bereit ist, den Kindern die Instrumente zu erklären.

> Vielen Kindern fehlt zu Hause die persönliche Zuwendung eines Erwachsenen, der sich gerne und liebevoll mit ihnen beschäftigt. Warum soll man diesen Kindern nicht einen Paten zur Seite stellen, der regelmäßig in die Einrichtung kommt und Zeit mit ihnen verbringt?

Auch im Bereich der sprachlichen Förderung gibt es die Möglichkeit, sich Hilfe von außen zu holen. Bestimmt finden sich pensionierte Deutschlehrer, die gerne bereit sind, besonders mit Migrantenkindern Deutsch zu lernen.

Darüber hinaus gibt es noch zahlreiche weitere Möglichkeiten, andere mit einzubinden, wenn es darum geht, Kinder zu fördern, die ansonsten keine Chance bekommen. Man muss einfach seiner Kreativität freien Lauf lassen. Eines gilt es allerdings zu bedenken: Wenn die Dienste von Privatpersonen in Anspruch genommen werden, sollte man diese gut kennen – oder sich ausreichend Zeit nehmen, um sie kennenzulernen. Immerhin wollen wir ihnen unseren größten Schatz anvertrauen.

In allen in diesem Abschnitt genannten Bereichen – Kirche, Vereine, Bildungseinrichtungen – kann die Wirtschaft wunderbar mit eingebunden werden. Wenn man nur nach ihnen sucht, findet man sicherlich als Gemeinde, als Verein, als Schule, Kindergarten oder -hort Partner aus der Wirtschaft, die das soziale Engagement finanziell unterstützen wollen. Auch in den Vereinen werden wir auf Dauer Sozialarbeiter und Lehrer brauchen, und diese können nur durch private Gelder finanziert werden.

Was kann der Einzelne tun?

In unserer Gesellschaft greift die Anonymität immer weiter um sich. Es herrscht die Meinung: Jeder ist für sich selbst verantwortlich. In gewissem Sinn stimmt das vielleicht auch; es kann aber nicht bedeuten, dass wir zu einem Volk von rücksichtslosen Egoisten werden. Wir haben eine soziale Verantwortung füreinander. Und jeder von uns kann den vergessenen Kindern in unserem Land in irgendeiner Weise helfen. Sei es durch finanzielle Unterstützung von Institutionen, die sich für die Belange dieser Kinder einsetzen, oder durch ehrenamtliches Engagement – in Kirchen, in Vereinen oder auch im privaten Umfeld.

> Wir haben eine soziale Verantwortung füreinander. Und jeder von uns kann den vergessenen Kindern in unserem Land in irgendeiner Weise helfen.

Zum Beispiel suchen, wie erwähnt, immer mehr Kindergärten Vorleser – Menschen, die etwas Zeit investieren, um den Kids ein gutes Buch vorzulesen. Das ist etwas, das beinahe jeder Mensch leisten kann. Aber auch darüber hinaus sind die meisten Bildungseinrichtungen dankbar für Menschen, die die junge Generation an ihrem Wissen und ihren speziellen Fähigkeiten und Fertigkeiten teilhaben lassen wollen. Wer selbst schon einiges im Leben durchgemacht hat (Kriegserfahrungen, schwerer Unfall, soziale Nöte o. Ä.), kann in Schulen gehen und die Kinder und Jugendlichen an den eigenen Erfahrungen teilhaben lassen.

Wir brauchen ehrenamtliches Engagement heute mehr denn je.

Auch im persönlichen Umfeld kann man einiges tun. Wer eigene Kinder hat, kann Verantwortung für deren Freunde mit übernehmen. Möglicherweise hat der eine oder andere ein Elternhaus, das ihn nicht so unterstützt oder nicht so unterstützen kann, wie es wünschenswert wäre. Die Situation dieser Kinder könnte schon dadurch enorm verbessert werden, dass sie bei den Eltern ihrer Freunde eine Anlaufstelle haben. Darüber hinaus würden die eigenen Kinder dieser Eltern deren vorbildhaftes Verhalten mit Sicherheit anerkennen. Schön wäre es auch, wenn mehr Familien die Möglichkeit in Erwägung ziehen würden, ein Pflegekind aufzunehmen.

Noch vor nicht allzu langer Zeit wurde Nachbarschaftshilfe in unserem Land großgeschrieben. In wenigen ländlichen Gebieten gibt es das auch heute noch. Aber gerade in Städten wachsen viele Kinder auf, die von der Hilfe ihrer Nachbarn profitieren könnten, ja, die im Grunde darauf angewiesen sind. Natürlich kostet es als Nachbar Überwindung, sich in das Leben anderer „einzumischen", aber für die Kinder kann das von entscheidender Bedeutung sein.

Wir brauchen ehrenamtliches Engagement heute mehr denn je. Wir brauchen Menschen, die kostenlosen (oder preisgünstigen) Nachhilfe- oder Musikunterricht für die Kinder anbieten, deren Eltern nicht genug Geld dafür haben. Wir brauchen engagierte Sportler oder Sportbegeisterte, die regelmäßige Sport- oder Spielnachmittage für die Kinder in der Gegend oder im persönlichen Umfeld veranstalten.

Fußball, Tischkicker, Volleyball, Basketball, Rasenspiele – die Möglichkeiten sind fast grenzenlos. Wir brauchen Menschen, die Lesenachmittage für Kinder anbieten oder sich als Vorleser in Kindergärten und Schulen zur Verfügung stellen. Wir brauchen ehemalige oder aktive Manager, die den jungen Menschen in der Schule und im Job mit Erfahrungsberichten, praktischen Tipps und Antworten helfen. Wir brauchen ehemalige und aktive Politiker, die den Heranwachsenden die Abläufe und Funktionen unseres Systems erklären. Wir brauchen vor allem die Älteren, die der Jugend helfen, im Leben klarzukommen.

> Eltern müssen verlässliche Partner für ihre Kinder sein. Sie müssen glaubwürdig sein und, was oft nicht so beliebt ist, konsequent. Kinder brauchen „erwachsene" Ansprechpartner, keine Kumpels. Die haben sie schon im Kindergarten oder in der Schule.

Forderungen an die Eltern

Bei allen Forderungen an Staat und Gesellschaft dürfen die Eltern natürlich nicht aus ihrer Verantwortung entlassen werden. Die Wünsche der Kinder, die wir befragt haben, haben eines ganz deutlich gezeigt: Sie alle lieben ihre Eltern. Sie sehnen sich nach Zuneigung, Unterstützung und Anerkennung – von Erwachsenen im Allgemeinen, vor allem aber von ihrer Mama und ihrem Papa. Und die allermeisten Wünsche der befragten Kinder haben nichts mit finanziellen Mitteln zu tun, sondern beziehen sich auf Dinge, die nicht so wohlhabende Eltern ihren Kindern ebenso gut geben können wie reiche – oder vielleicht sogar noch besser.

Eltern müssen verlässliche Partner für ihre Kinder sein. Sie müssen glaubwürdig sein und, was oft nicht so beliebt ist, konsequent. Kinder brauchen „erwachsene" Ansprechpartner, keine Kumpels. Die haben sie schon im Kindergarten oder in der Schule. Sie brauchen jemanden, der ihnen die Richtung weist und ihnen auch Grenzen aufzeigt. Kinder brauchen Eltern, die sie fördern – im schulischen Bereich, aber auch darüber hinaus. Wenn ein Kind Interesse an Musik zeigt, liegt nichts näher, als es ein Instrument lernen zu lassen. Wenn kein Geld für ein neues Instrument da ist, findet sich vielleicht im Bekanntenkreis jemand, der bereit wäre, eins zu verschenken oder günstig zu verkaufen. Wenn das Kind sportlich ist, sollte es auch darin unterstützt werden.

> Begabungen sind dafür da, eingesetzt zu werden. Doch bevor das möglich ist, müssen sie gefördert werden. Und das ist in erster Linie die Aufgabe der Eltern.

Begabungen sind dafür da, eingesetzt zu werden. Doch bevor das möglich ist, müssen sie gefördert werden. Und das ist in erster Linie die Aufgabe der Eltern.

Eltern müssen Vorbilder für ihre Kinder sein und Vorbild ist man durch Vorleben. Ich kann für meine Kinder nur dann Regeln aufstellen, wenn ich mich an dieselben Regeln halte. Ich kann meinen Jugendlichen nur schwer das Trinken und Rauchen verbieten, wenn ich selbst die Finger nicht vom Alkohol oder von den Zigaretten lassen kann. Wenn ich meine Kinder zu ehrlichen Menschen erziehen möchte, dann muss ich ihnen auch Ehrlichkeit vorleben. Dazu gehören viele kleine Dinge im Alltag. Wenn die Kassiererin im Supermarkt zum Beispiel fünf Euro zu viel herausgibt, dann sollte man dieses Geld zurückgeben, statt es unauffällig ins eigene Portemonnaie zu stecken. Es ist nicht zu unterschätzen, wie genau Kinder ihre Eltern im Alltag beobachten und – bewusst oder unbewusst – nachahmen.

Mit das Allerwichtigste ist, wie wir an früherer Stelle auch schon deutlich gemacht haben, dass Eltern ihren Kindern Zeit und Aufmerksamkeit schenken. Wenn man sich für ein Kind entschieden hat, dann sollte man ihm zeigen, dass es gewollt ist. Das heißt auch, dass die Arbeit ihm nicht ständig vorgezogen wird. Kinder brauchen Eltern, die Zeit mit ihnen verbringen, sie in ihrer schulischen Laufbahn begleiten, sich für ihre Sorgen interessieren, sich mit über ihre Erfolge freuen, sie bei Misserfolgen trösten und besondere Erlebnisse mit ihnen teilen.

Kinder wünschen sich nichts sehnlicher als Zeit mit ihren Eltern. Diesen Wunsch sollten wir ihnen erfüllen. Zumal man als Erwachsener auch selbst davon profitiert. Und es ist so leicht: Man kann zum Beispiel die Kinder in die Vorbereitung der Mahlzeiten mit einbeziehen. Auch bei der Gartenarbeit kann man Kinder wunderbar mitmachen lassen. Die Versorgung eines eigenen kleinen Beetes kann für sie auch eine schöne Möglichkeit sein, Verantwortung zu lernen. Auf diese Weise ist man zusammen, und die Kinder fühlen sich und das, was sie schon tun können, ernst genommen. Übrigens gibt es zahlreiche Internetseiten zum Thema „Mehr Zeit für Kinder" oder auch Bücher, die viele gute Vorschläge machen, wie man als Familie auch mit wenig Geld schöne Dinge miteinander erleben und mit viel Spaß zusammen Zeit verbringen kann.[13]

Kinder müssen wieder als persönlicher Reichtum begriffen werden. Man darf den Wert eines Kindes einfach nicht mit einem Jahresverdienst vergleichen, der einem eventuell durch die Lappen geht.

Wenn wir uns ganz auf unsere Aufgabe einlassen, bedeuten Kinder Freude und persönliches Glück, und das ist mehr wert als alles Geld der Welt.

Kinder, die von Anfang an gesunde Beziehungen erleben dürfen, denen vom Elternhaus ein Gefühl von Geborgenheit und Schutz mitgegeben wird, haben die Grundausrüstung für eine glückliche Zukunft. Wir wünschen uns möglichst viele solcher Kinder für unser Land.

Kinder müssen wieder als persönlicher Reichtum begriffen werden.

Die folgenden Porträts zeigen, was konkrete Hilfe im Leben von Kindern bewirken kann, die andere schon aufgegeben hatten.

Kendall

Kendall möchte seine Geschichte selbst erzählen. Sie macht deutlich, was auch Kindern möglich ist, deren Ausgangsvoraussetzungen nicht die idealsten sind – wenn sie in dem Ziel unterstützt werden, die eigenen Wünsche für die Zukunft zu erreichen.

*

Mein Name ist Kendall. Ich bin 16 Jahre alt und im Frühjahr 1993 in Berlin-Reinickendorf geboren. Ich bin gut 1,85 m groß und habe blonde, lange Haare, die ich meist zu einem Zopf zusammenbinde. Mit meinen blauen Augen sehe ich aus wie ein typischer Deutscher. Aufgewachsen bin ich in einer Zweieinhalb-Zimmer-Wohnung mit meiner Mutter (40) und meinem Halbbruder Kolin (13). Halbbruder deswegen, weil er einen anderen Vater hat als ich. Mein Vater lebt nicht bei uns, er wohnt mit seiner Freundin in Berlin-Waidmannslust und hat auch mit ihr einen Sohn. Sein Name ist Max. Ich habe also zwei Halbbrüder.

Meinen Vater habe ich erst mit vier Jahren kennengelernt. Denn zu dem Zeitpunkt, als meine Mutter mit mir schwanger war, war mein Vater noch sehr jung und mit der Situation völlig überfordert. Er ist mit seiner damaligen Freundin nach Westdeutschland abgehauen.

Ich denke, so etwas nennt man Panik. Meine Mutter war natürlich damals auch noch sehr jung, und ihre Lebenssituation ließ es eigentlich nicht zu, ein Kind zu bekommen. Sie entschloss sich jedoch, mich zur Welt zu bringen, obwohl sie am Anfang nicht davon überzeugt war, da sie schon einmal eine Fehlgeburt erlitten hatte. Ich war also definitiv kein Wunschkind. Aber nun bin ich hier.

Trotz dieser Schwierigkeiten haben meine Eltern ein gutes Verhältnis zueinander und auch ich verstehe mich mit meinem Vater ganz gut.

Ich hatte eine glückliche Kindheit, die jedoch mit einigen Problemen behaftet war. Wir sind oft umgezogen, jedoch nur innerhalb von Reinickendorf. Um genau zu sein, sieben Mal. Wie oft habe ich mir die Frage gestellt, warum dieser für mich riesengroße Stress sein musste.

Die Gründe dafür waren ausschließlich finanzielle Probleme. Unsere finanziellen Verhältnisse waren und sind auch heute noch nicht gerade berauschend. Gott sei Dank haben wir genug zu essen im Kühlschrank, und es geht uns einigermaßen gut, aber wir können uns halt nicht jeden Monat ein neues Paar Schuhe für 100 Euro kaufen oder dergleichen. Dazu kommen natürlich auch noch Schulden, die man sich durch viele Jahre der Geldknappheit eingebrockt hat. Dadurch müssen wir jeden Cent und jeden Euro im Alltag zweimal umdrehen. Ich habe auch schon erlebt, dass bei uns der Strom für mehrere Tage abgestellt wurde.

Es ist für einen Jungen in meinem Alter nicht immer leicht zu sehen, wie die reicheren Freunde mit ihren nagelneuen Klamotten oder Spielkonsolen prahlen. Man selbst steht dann daneben und denkt: *Mann, hoffentlich kann ich mir nächsten Monat die Hose, die ich schon seit Wochen haben möchte, auch kaufen!* Aber ich habe gelernt, damit zu leben, und ich habe vor allem gelernt, mit Geld umzugehen und einzelne Sachen des Alltags mehr zu schätzen, als es vielleicht andere tun.

Meine Mutter hatte natürlich auch männliche Partner, die bei uns gewohnt haben, aber irgendwann sind die immer abgehauen. Meine Mutter stand dann mit zwei kleinen Kindern und einer viel zu teuren Wohnung da und musste schauen, wo sie eine billigere Wohnung in einer vernünftigen Lage herbekommt.

Einen Freund meiner Mutter kann und werde ich wohl nie in meinem Leben vergessen. Ich denke, dieser Mann war das, was man sich unter einem aggressiven und perspektivlosen Alkoholiker vorstellt. Zu dem Zeitpunkt, als sie sich getroffen haben, war ich ungefähr acht und mein Bruder fünf Jahre alt. Die Beziehung dauerte vier lange Jahre mit Unterbrechungen und dann wieder neu geschöpfter Hoffnung, dass von beiden Seiten alles besser gemacht werden könnte.

Doch das war, wenn überhaupt, immer nur für ein paar Wochen der Fall. Das, was die Beziehung so schlimm machte, war seine Unberechenbarkeit. Wenn er betrunken war, wurde er sehr aggressiv und schlug meine Mutter immer wieder. Wenn sie ihn dann vor die Tür setzte, gab es nächtelang Klingel- oder Telefonterror. Oft gab es Zeiten, in denen meine Mutter uns nachts weinend aus dem Bett holte und wir dann mit dem Bus zu meiner Oma gefahren sind, mitten in der Schulzeit. Und das nur, weil dieser Mann mal wieder völlig ausgerastet war. Ich kann mich noch an eine kurze Zeitspanne erinnern, wo wir fest bei meiner Oma gewohnt haben.

Wir sind also immer aus unserer eigenen Wohnung geflüchtet. Meine Mutter setzte ihn genau viermal vor die Tür, mit fast allen seinen Sachen, doch sie ließ ihn immer wieder zurückkommen. Es war wahrscheinlich ihre Naivität, die sie dazu getrieben hat, einem so schlimmen und kranken Menschen immer wieder zu glauben, er könne sich ändern oder bessern. Auch wenn er meiner Mutter körperlich und seelisch geschadet hat, hat er mich und meinen Bruder nie geschlagen oder bedroht.

Diese Zeit hat meinen Bruder und mich geprägt, vor allem meinen Bruder. Das äußert sich darin, dass er jedem neuen Freund meiner Mutter misstraut. Sobald es mal eine etwas lautstärkere Auseinandersetzung gibt, wird er sofort an die alten Zeiten erinnert und bekommt Angst davor, dass sich diese schrecklichen Dinge wiederholen könnten.

Ich bin jetzt zum Glück alt genug und habe das alles ganz gut verarbeitet, doch natürlich kommen hier und da Erinnerungen hoch. Aber ich kann heute, wenn es denn solche Auseinandersetzungen gibt, einschreiten und manchmal auch klärend wirken. Es kann immer zu Streitigkeiten kommen. Wir sind halt nur Menschen. Bis jetzt hatte meine Mutter nie wieder so eine Beziehung. Und das ist auch gut so.

Dadurch, dass meine Mutter fast immer alleinerziehend war, waren mein Bruder und ich schon sehr früh gezwungen, selbstständig zu sein und eine Menge Probleme selbst zu lösen. Dazu kommt noch, dass mein Bruder an ADS (Aufmerksamkeits-Defizit-Syndrom) leidet. Im Alltag äußert sich die Krankheit durch Unkonzentriertheit in der Schule und auch durch eine Lese- und Rechtschreibschwäche. Dieses Problem hat auch dazu beigetragen, dass meine Mutter noch mehr um die Ohren hat. Sie musste mit ihm zu Therapien fahren, oder wir mussten sogar zusammen zur Familientherapie, um das Alltagsleben meistern zu können.

Es bleibt trotzdem alles ziemlich schwierig und kompliziert. Mein Bruder hat einige Schulwechsel hinter sich; er musste von einer Spezialschule zur anderen. Im Moment ist er auf einer sehr guten Schule für verhaltensauffällige Kinder.

Ich habe durch unsere häufigen Umzüge dreimal die Grundschule wechseln müssen. In der Schule hatte ich durch meine sehr aktive und manchmal auch impulsive Persönlichkeit Schwierigkeiten. Ich bin oft bei den Lehrern negativ aufgefallen. Ich war, man kann es fast so sagen, ein Problemschüler. Meine Konflikte mit Mitschülern löste ich meist mit hohem körperlichem Einsatz, also auf Berlinerisch: „Ick hab dem ene rinjehaun!"

Dieses Verhaltensmuster hat mich so gut wie die ganze Grundschulzeit verfolgt. Oft gab es auch Anrufe der Lehrer bei mir zu Hause oder persönliche Gespräche mit meiner Mutter unter Androhung von Tadeln oder noch weiter gehenden Konsequenzen. Aber das half nicht wirklich etwas.

Meine Noten waren trotz dieser Schwierigkeiten immer im durchschnittlichen Bereich. Ich habe aber keinen wirklichen Wert auf die Schule gelegt, da ich nicht an meine Zukunft gedacht habe. In der Oberschule führte ich dieses Verhalten ohne große Veränderungen weiter. Natürlich wird man älter und macht manchen Blödsinn einfach nicht mehr, aber heißt es nicht: „Kleine Kinder, kleine Sorgen – große Kinder, große Sorgen"? So war es damals auch bei mir.

In der Zeit zwischen der siebten und neunten Klasse, also mitten in der Pubertät, war ich ein typischer Halbstarker und wollte immer zeigen, wie cool ich bin. Ich zog um die Häuser – ohne ein wirkliches Ziel und mit

Freunden, die nicht wirklich meine Freunde waren. Wahre Freunde hätten mich vor manchen Situationen gewarnt und mich nicht immer wieder ins offene Messer laufen lassen. Diese „Freunde" haben mich in jede erdenkliche Scheiße mit hineingezogen, in die sie damals selbst geschlittert sind.

Ich weiß von vielen, und bei anderen bin ich mir ziemlich sicher, dass sie heute im Jugendknast sitzen. Einige überlegen sich heute sicher, für was das damals alles gut war.

Zu dieser Zeit hatte meine Mutter so gut wie keine Kontrolle über mich. Ich habe einfach alle Anordnungen von ihr missachtet, ganz gleich, ob es die Uhrzeit betraf, zu der ich wieder zu Hause sein sollte, oder ob es um mein Verhalten in der Schule ging. Dieses Verhalten, das weiß ich heute, hat meiner Mutter ziemlich viel Kummer bereitet und noch mehr Kopfzerbrechen, als sie eh schon hatte. Ich habe einfach in dieser Zeit nur an mich und an niemand anderen gedacht.

Der Höhepunkt und Wendepunkt in dieser Zeit war meine erste Verhaftung in meinem noch jungen Leben. Ich wurde von der Kriminalpolizei beim Graffitisprühen erwischt und in Handschellen abgeführt und nach Hause gefahren. Ich hatte Glück, dass ich erst 13 Jahre alt war und somit nicht strafmündig. Es gab damals also keine Anzeige und ich war nicht vorbestraft.

Meine Mutter reagierte auf diese Aktion mit einer Art Schlussstrich und zog zum ersten Mal meinen Vater hinzu. Dieser gab mir dann klar zu verstehen, wenn so etwas noch einmal passieren sollte, würde er mir alles wegnehmen, was mir lieb ist, und mich in einem leeren Zimmer hausen lassen, nur mit einer Matratze auf dem Boden. Das saß.

Obwohl ich nicht strafmündig war, musste ich doch zur Polizei, um eine Aussage zu machen. In diesem Gespräch mit meinen Eltern und der Polizeibeamtin wurde mir doch langsam klar, dass ich meine Lebensweise und meinen Freundeskreis ändern musste, damit sich so etwas nicht noch einmal ereignen würde. Und schlagartig änderte sich mein ganzes Leben, als ob ich einen Hebel umgelegt hätte.

In der Schule begriff ich nun, worum es dort wirklich geht: um meine Zukunft, um meine soziale Entwicklung, einfach um mein Leben! Ich beschloss, nicht, wie bisher angestrebt, „nur" meinen Realschulabschluss zu machen, sondern entschied mich fürs Abitur.

Heute bin ich in der elften Klasse. Mein Ziel ist es, nach dem Abitur ein Medizinstudium zu absolvieren und Arzt zu werden. Ich habe einfach eine 180-Grad-Wendung gemacht.

Ich bin ehrlich und sage, dass ich das allein natürlich nicht geschafft hätte. Ein Grund waren meine Eltern, vor allem meine Mutter. Ein anderer wichtiger Punkt waren meine Freunde.

Ein guter Freundeskreis ist für mich, und ich denke, auch für jeden anderen Menschen, sehr wichtig. Wie ich schon angemerkt habe: In früheren Zeiten meines Lebens hatte ich falsche Freunde, die mir nur vorgemacht haben, meine Freunde zu sein. Die wollten einfach nur, dass ich Sachen mache, die sie sich selbst nicht zutrauten. Ich sollte für ihre Taten die Verantwortung übernehmen. Meinen momentanen und hoffentlich für immer bestehenden Freundeskreis würde ich für kein Geld der Welt oder andere Dinge aufgeben.

Zwischen all diesen Ereignissen und Entscheidungen, die mein Leben prägten und immer noch prägen, kam ich zu meinem Hobby, zu meinem Job und schließlich zu meinem Lebensinhalt: Fußball.

Ein Schulfreund nahm mich damals, als ich in der zweiten Klasse war, mit zum Fußball. Er spielte schon fest in einer Fußballmannschaft, beim BFC Alemania Wacker. Ich ging also ein paar Mal mit hin und fand Spaß daran. Also trat ich in den Verein ein. Ich war nun linker Verteidiger in der 2. F-Jugend des BFC Alemania, aber dort spielte ich nur ein halbes Jahr lang – bis zu einem weiteren Umzug.

Schon wenige Wochen später war es wieder ein Schulfreund, der mich zum Training seiner Mannschaft mitnahm und seinem Trainer vorstellte. Doch dieses Mal sollte ich als Torwart in die Mannschaft aufgenommen werden. Mit dem besagten Schulfreund war ich zusammen in einem Kinderhort und dort spielten wir oft Fußball, und ich ging auch öfter ins Tor und ließ mir die Bälle um die Ohren hauen. Ich wurde besser und besser und fand immer mehr Spaß daran, Torwart zu sein.

Leider ist dieser Schulfreund schon vor einigen Jahren nach Dortmund gezogen. Ihm habe ich es zu verdanken, dass ich heute ein hoffnungsvoller Jugendtorwart bin. Andreas, falls du das lesen solltest, vielen Dank!

Zurück zu meiner Mannschaft. Ich war also jetzt Torwart in der 4. F des SC Heiligensee. Dort spielte ich zwei Jahre lang, bis ich in die 3. E kam. Erfolge habe ich in dieser Mannschaft nicht feiern können. Dann kam vermutlich das Beste, was mir passieren konnte: Der SC Heiligensee fusionierte mit dem in der Nähe angesiedelten SC Tegel, und daraus entstand der neue Fußballverein „Nordberliner SC".

Durch diese Fusion wuchs der Verein natürlich an Spielern und Mannschaften und es bildete sich ein

Team aus der 1. und 2. E-Jugend. Am Anfang spielte ich trotzdem immer noch in der 3. E.

Meine Mutter war es, die erkannte, dass ich vielleicht ein gewisses Talent besaß, und sie sprach mit dem Trainerteam des sogenannten E-Teams. Dort wurde ich auch tatsächlich aufgenommen und war der dritte Torwart. Ich spielte aber anfangs meist nur in der 2. Mannschaft. Doch ich schaffte es, mich immer weiterzuentwickeln, und am Ende der Saison war ich der erste Torwart und hatte es in die 1. D-Mannschaft geschafft.

Durch einen Zufall am Ende der E-Jugend-Saison wurde der Verein Hertha BSC auf mich aufmerksam. Meine Mannschaft hatte ein Turnier beim BSC Rehberge. Ich war für dieses Turnier nicht eingeplant, doch am Morgen des Spieltags meldete sich der andere Torwart krank, und ich sollte nun bei diesem Turnier mitmachen. Ich habe ein gutes Turnier gespielt, und dadurch wurden die Trainer oder Scouts von Hertha BSC auf mich aufmerksam.

So etwas nennt man Glück, denke ich. Also trainierte ich dort mit. Am Ende des Trainings fragte mich der Hertha-Trainer, ob ich denn überhaupt zu Hertha BSC wechseln würde. Ich antwortete mit einem klaren Nein. Ich weiß, da stellt sich die Frage: Warum macht der Junge so etwas und setzt eine so gute Möglichkeit – beim besten Verein Berlins zu spielen – in den Sand?

Die ganz einfache Antwort: Ich hatte noch gar keine Ambitionen, in irgendeiner Weise leistungsorientiert Fußball zu spielen. Meine Mutter ließ mir da völlige Entscheidungsfreiheit.

Und so spielte ich weiterhin beim Nordberliner SC. Nur zwei Jahre später, als ich in der 1. D-Jugend, also im älteren Jahrgang, spielte, änderte sich meine Haltung zum Fußball. Ich wollte nun Fußballprofi werden, ganz klar und ohne einen Zweifel, und mit Fußball mein Geld verdienen. Das bedeutete, dass ich doch zu Hertha BSC musste.

Nach der sechsten Klasse wechselte ich deshalb auf die Poelchau-Oberschule. Die Schule arbeitet mit Hertha BSC zusammen, dort hatte ich daher die Möglichkeit, bei Hertha zu trainieren. Doch dann kamen mir Zweifel und der Gedanke: *Mann, ich habe denen doch abgesagt! Die wollen mich bestimmt gar nicht mehr!*

Doch ich habe geackert und geackert und meinen Traum verfolgt, zu Hertha BSC zu wechseln. Wieder habe ich es geschafft, durch gute Saisonspiele gegen Hertha zum Probetraining eingeladen zu werden. Ich habe in den einzelnen Trainingseinheiten 100 Prozent gegeben, alles, was ich hatte. Am Ende der letzten Trainingseinheit des Probetrainings kam dann wieder die alles entscheidende Frage, ob ich zu Hertha BSC wechseln möchte. Ohne großes Zögern antwortete ich diesmal mit einem Ja. Ich hatte es also geschafft: Hertha BSC war mein neuer Verein.

Ich spiele nun schon mein viertes Jahr bei Hertha BSC und habe schon viele Meisterschaften und Turniersiege eingeholt. Mein größter Erfolg war das „Nike Premier Cup"-Weltfinale, bei dem die besten Jugendmannschaften der Welt gegeneinander spielen. Dort haben wir den vierten Platz belegt. Ich denke, das kann sich sehen lassen.

Mit jedem weiteren Jahr bei Hertha BSC komme ich meinem Traum, Fußballprofi zu werden, ein kleines Stück näher.

Neben dem Fußball, wenn denn Zeit bleibt, mache ich Musik: deutschen Hip-Hop bzw. deutschen Rap. Zu diesem Hobby bin ich durch die Musik an sich gekommen. Und durch Jungs aus meiner Gegend, die das schon länger und wirklich gut machten. Ich habe schon immer gern deutschen Hip-Hop gehört und fing irgendwann an, mit zwei Kumpels zusammen Texte zu schreiben. Später hatten wir dann die Möglichkeit, uns alles nötige Equipment für das Produzieren von Liedern zu kaufen. Wir fingen an, unsere Lieder aufzunehmen.

Ich muss zugeben, unsere Texte und Lieder waren am Anfang echt schlecht und keinem gesunden Ohr zumutbar. Dazu kam noch, dass es durch das Rappen zu einem großen Streit zwischen mir und meinem besten Freund gekommen ist. Also hörte ich für etwa ein halbes Jahr damit auf und konzentrierte mich wieder auf die wesentlichen Dinge im Leben. Meine Kumpels rappten jedoch weiter und verbesserten sich enorm. Das motivierte mich, und ich überlegte, wieder anzufangen. Ich schaffte alle Unstimmigkeiten zwischen mir und meinem besten Freund aus der Welt und fing wieder an, Texte zu schreiben. Die Jungs, mit denen ich davor gerappt hatte, ließen mich wieder mitmachen.

Es lief auch alles super und wir wurden echt immer besser; man konnte unsere Musik jetzt fast länger als eine Minute ertragen. Doch wie es dann immer so ist, gab es zwischen uns einen kleinen internen Wettkampf. Jeder wollte nun besser sein als der andere und es wurden unschöne Sachen hinter dem Rücken des anderen gesagt. Und seitdem mache ich nur noch mit einem Kumpel zusammen Musik. Der andere Freund macht ebenfalls noch Musik, nur mit anderen Leuten.

Der Höhepunkt meiner bisherigen Laufbahn als „Rapper" war der Track über meine Mannschaft, die U17 von Hertha BSC. Das Lied handelt von ihr, und ich habe über jeden Spieler und Trainer eine Zeile geschrieben. Das Ganze habe ich noch in meine Alltagserlebnisse verpackt und fertig war mein größter Hit. Mit diesem Lied bin ich auch vor dem DFB und dem Vorstand von Hertha BSC aufgetreten und habe Lob von allen Seiten erhalten.

Ich bin stolz auf mich und diese Leistung. Doch auch hier muss ich mich bedanken bei den Leuten, die mich erst auf diese Idee gebracht haben. Danke!

Ich bleibe auf jeden Fall dabei und werde weiter Lieder schreiben und aufnehmen, und na ja, vielleicht klappt es eines Tages auch hier mit dem Erfolg. Die Zeit wird es zeigen.

Träume sind da, um gelebt zu werden, egal, wo man herkommt und was man erlebt hat!

Melinda und Tommi

Es ist ein herrlicher Tag. Die Sonne strahlt und am Himmel ist keine Wolke zu sehen. Auf unserem großen Hof tummeln sich die Kinder und der Spielplatz ist wie an fast jedem Sommertag überfüllt. Die Kleinen schaukeln und die Größeren düsen auf dem Fahrrad rasant um die Kurven. Auf unserem Fußballfeld bolzen ein paar Jungs und auf der Beachvolleyball-Anlage hüpfen einige Vierjährige barfuß durch den Sand.

Die zwölfjährige Melinda fährt wie an jedem Tag bei schönem Wetter mit den Inlineskates über den Betonboden und präsentiert einer unserer Mitarbeiterinnen stolz, wie gut sie mittlerweile schon auf einem Bein fahren kann. Tommi, ihr neunjähriger Bruder, springt voller Begeisterung auf dem Trampolin herum, das erst seit einigen Wochen wieder auf unserem Gelände steht. Die Geschwister scheinen glücklich und ausgelassen zu sein. Wir sind sehr froh, dass die beiden regelmäßig in unsere Einrichtung kommen. Doch so fröhlich wie heute waren die Kinder nicht immer.

Vor zwei Jahren kamen die beiden zum ersten Mal in die Arche. Anfangs waren sie noch sehr verschlossen. Tommi war so zurückhaltend, dass er kaum geredet hat. Die Geschwister kamen zwar regelmäßig in die Arche, aber sie versuchten immer, den Mitarbeitern und anderen Kindern aus dem Weg zu gehen. Auch beim Mittagessen saßen sie meist abseits von den anderen allein am Tisch. Fragen beantworteten sie nicht gern.

Die anderen Kinder nahmen Tommi und Melinda anfangs gar nicht richtig wahr; die beiden blieben ja praktisch auch nur unter sich, und sie anzusprechen lohnte sich nicht, denn man bekam ja ohnehin keine Antwort.

Eines Tages, als die beiden schon einige Wochen zu uns kamen, verteilten wir die Einladungen für unser alljährliches Sommercamp. Wie in jedem Jahr stürzten sich unsere kleinen Besucher auf die Zettel und bombardierten uns mit allen möglichen Fragen: „Wann geht es los? Wie viele Plätze gibt es? Welche Mitarbeiter fahren mit? Bist du diesmal auch wieder dabei? Kann ich auch mit, wenn Mama kein Geld dafür hat?"

Wir fahren jedes Jahr zu Ostern, im Sommer und im Herbst mit unseren Kindern in sogenannte Abenteuercamps. Leider reichen die Plätze nie aus, aber wir versuchen es möglich zu machen, dass jedes Kind mindestens einmal im Jahr auf ein Camp mitfahren kann, auch wenn die Eltern nicht dafür zahlen können. Meist können über die Hälfte der Teilnehmer unserer Camps den Unkostenbeitrag nicht leisten. Wir suchen dann nach Paten, die einem oder mehreren der Kids die Teilnahme ermöglichen, und das klappt eigentlich immer.

Als auch Melinda und Tommi eine Einladung erhielten, schauten sie sich den Zettel an und fragten: „Was ist denn das?"

Unsere Mitarbeiter erklärten ihnen alles, und die anderen Kids erzählten begeistert, was für tolle Erlebnisse sie in den letzten Jahren in den Camps gemacht hatten.

Tommi war neugierig, denn er war in seinem ganzen Leben noch nie in den Ferien gewesen. „Kann ich da auch mit?", fragte er mit einem Leuchten in den Augen. Endlich zeigten die beiden Kinder einmal wirklich Interesse für etwas!

Scheinbar redeten Melinda und ihr Bruder von da an zu Hause von nichts anderem mehr als von diesem Camp. Jedenfalls kam ihre Mutter eines Tages in mein Büro, um mir einige Fragen zu der Freizeit zu stellen und mir zu erklären, dass sie unmöglich dafür aufkommen könne. Aber ihre Kinder wollten unbedingt mit und hatten ihre Mutter schließlich gedrängt, mich zu fragen, ob sie trotzdem mitfahren könnten. Natürlich musste die Mutter mich nicht lange überreden. Gern sagte ich Ja.

Im Camp erkannten wir Melinda und Tommi fast nicht wieder. Sie tobten und spielten mit den anderen, plapperten wie die Wasserfälle und genossen es, am Abend mit einer Gute-Nacht-Geschichte zu Bett gebracht zu werden.

An einem Nachmittag erzählte uns Melinda von ihrem größten Traum, der allerdings eher ein kleiner war im Vergleich zu dem, was andere Kinder sich wünschen: „Ich hätte so gern, dass meine Freundin mal bei mir zu Hause übernachten darf."

Eigentlich ein simpler und normaler Wunsch für Kinder in diesem Alter, der auch leicht umzusetzen ist. Auch bei meinen Töchtern höre ich fast jedes Wochenende: „Papa, kann ich bei meiner Freundin schlafen?", oder: „Papa, kann meine Freundin bei mir übernachten?" Aber Melinda und Tommi hatten noch nie jemanden mit nach Hause nehmen dürfen, und darüber war die Kleine sehr traurig. Sie konnte mir allerdings nicht erklären, warum die Mutter das partout nicht wollte.

Es war trotzdem schön, die Kinder so ausgeglichen zu erleben und mit ihnen eine tolle Ferienzeit zu verbringen.

Durch dieses Camp war der Kontakt zu Tommi und Melinda so gut geworden, dass nun auch die Mutter hin und wieder in unsere Einrichtung kam. Hier fand auch sie Menschen, die für ihre Probleme ein offenes Ohr hatten. Manchmal erzählte sie dann von ihrem Mann, der nur zweimal im Jahr zu Besuch kommt, weil er die restliche Zeit des Jahres in Polen bei seinen Eltern und Geschwistern ist. „Er hat nicht viel Interesse an mir und den Kindern, aber Melinda und Tommi freuen sich trotzdem, wenn sie ihren Vater sehen, auch wenn es nur an zwei Wochenenden im Jahr ist."

Eines Tages rief mich Melindas Mutter in meinem Büro an und bat mich um einen Hausbesuch. Sie sagte, sie hätte ein Problem, und das könne sie nur mit mir besprechen. Also machten wir einen Termin aus.

Am vereinbarten Tag klingelte ich an der Tür und Melinda öffnete mir. Sie war gerade aus der Schule gekommen. Sonst ging sie dann immer gleich in die Arche. Heute aber nicht, denn sie wusste, dass ich zu ihnen nach Hause kommen würde.

Als ich den Flur betrat, war ich schockiert. Hier gab es keinen Teppich auf dem Boden, da war nur der blanke Estrich. Die Telefonkabel hingen einzeln aus der Wand, und die Garderobe bestand aus einem Kleiderschrank, von dem die Türen abgefallen waren. Die Mutter bat mich ins Wohnzimmer, wo eine nackte Glühbirne an einem Kabel von der Decke baumelte. Der Wohnzimmerschrank war schon ganz schön in die Jahre gekommen. Eine Matratze – offensichtlich das „Bett" der Mutter – lag vor dem Fenster. Das einzig Heile in diesem Raum waren die Couch und der Tisch.

Melinda hatte in ihrem Zimmer einen alten, klapprigen Computertisch mit einem PC, der wohl das Wertvollste in dieser Wohnung war. Die Betten der Kinder waren kaputt, und sämtliche Klamotten befanden sich in Schubladenschränken, weil es keine Kleiderschränke gab. In den anderen Zimmern sah es auch nicht besser aus: Am Elektroherd funktionierte nur noch eine Platte und ein Schalter von dem Gerät hing an den Kabeln heraus.

In allen Räumen hingen die Tapeten in Fetzen von den Wänden. Zwar herrschte keine Unordnung, dennoch sah alles fürchterlich verwahrlost aus. Mir war klar, weshalb Melindas Traum bisher nie erfüllt werden konnte. Natürlich durfte niemand hierher zu Besuch kommen, denn es war der Mutter peinlich, andere sehen zu lassen, wie es in ihrer Wohnung aussah.

Diese Frau hatte sich offensichtlich längst total aufgegeben. Alleingelassen von ihrem Mann, ohne Arbeit und Zukunftsperspektive, versuchte sie zwar ihr Möglichstes, um ihren Kindern zu helfen, aber sie stieß immer wieder an ihre Grenzen. „Was soll ich nur tun?", fragte sie. Tränen liefen ihr über die Wangen. „Können Sie mir für die Kinder ein paar neue Betten besorgen? Bitte?"

Das war also der Grund, weshalb sie mich um diesen Besuch gebeten hatte. Mir war klar: Hier war eindeutig mehr nötig als nur zwei Kinderbetten!

Einige Tage später standen ein paar Arche-Mitarbeiter in der Wohnung der kleinen Familie, bewaffnet mit Farben, Tapeten, Pinseln und Werkzeug. Vier Wochen arbeiteten sie und Melindas Mutter ununterbrochen an dem Projekt „Schöner wohnen". Die kaputten Möbel und alten Tapeten wurden entsorgt und durch bessere Sachen ersetzt und die Wände gestrichen. Ein Sozialkaufhaus stellte uns den Großteil der Möbel kostenlos zur Verfügung und auch die Farbe bekamen wir von einem freundlichen Unternehmer geschenkt. Mit dem neuen Glanz in der Wohnung kam auch das Strahlen in den Augen der Mutter von Melinda und Tommi wieder zum Vorschein und auch die Kinder freuten sich. Sie erzählten jeden Tag bei ihrem Besuch in der Arche, wie es mit den Arbeiten voranging.

Melinda und Tommi bekamen neue Betten, einen Schreibtisch und einen Kleiderschrank, und auch das Telefonkabel wurde repariert, sodass die Familie wieder telefonieren konnte. Das Telefon hatte schon über ein halbes Jahr nicht mehr funktioniert.

Melindas Mutter hatte die Hoffnung schon aufgegeben, aber weil jemand ihr eine Chance gab und ihr die Hand reichte, hat sie für sich und die Kinder wieder neue Zuversicht gewonnen.

Die kleine Familie war unendlich dankbar für die Hilfe und Unterstützung, und man merkte, wie gut es auch den Kindern tat, zu spüren, dass sich jemand für ihr Wohlergehen interessierte.

Das Beispiel dieser Familie macht deutlich, wie wenig oft nur nötig ist, um Menschen wieder Hoffnung für die Zukunft zu schenken. Wichtig ist, dass man aufrichtiges Interesse an den Menschen zeigt.

Übrigens: Nachdem alles fertig war, durfte Melinda zum ersten Mal eine Freundin zum Übernachten mit nach Hause bringen. Ihr Traum war so schnell in Erfüllung gegangen, dass sie es kaum glauben konnte. Solange sie auf sich allein gestellt waren, war er ihr so weit weg erschienen.

Dieses Beispiel zeigt, wie Hilfe ganz praktisch aussehen kann. Auf solche oder ähnliche Weise kann zum Beispiel auch Nachbarschaftshilfe ganz konkret werden. Mit vereinten Kräften lässt sich viel bewältigen. Voraussetzung ist, dass man ein Auge aufeinander hat, die Not der anderen wahrnimmt und sich verantwortlich fühlt, etwas dagegen zu tun.

Ben

Ich befinde mich zusammen mit einem unserer Mitarbeiter in einem sehr schlicht eingerichteten Freizeitraum im Fußballinternat von Hertha BSC Berlin. Wir sitzen an einem Tisch und warten auf Ben. Ben ist 15 Jahre alt und kommt aus Kamerun. Seit vier Jahren ist er nun schon in Berlin. Er gilt als eines der größten Talente des Fußballbundesligisten aus der Hauptstadt.

Die Arche hat vor rund einem Jahr ein schönes Projekt gestartet: eine mit sehr viel Leben gefüllte Kooperation zwischen unserem Verein und Hertha BSC Berlin. Ein von der Arche bezahlter Mitarbeiter kümmert sich um die Nachwuchsfußballer und betreut sie in ihrer Freizeit. Die jungen Sportler kommen aus allen möglichen Kontinenten und Ländern und sind oft weit weg von ihren Familien, die sie teilweise nur einmal im Jahr sehen. Andre, so heißt der Mitarbeiter, spricht mit Lehrern, wenn es Schwierigkeiten in der Schule gibt. Er hilft bei der Suche nach Ausbildungsplätzen und kennt die Stärken und Schwächen der jungen Leistungssportler ganz genau. Oft kommen die Spieler mit privaten Problemen zu ihm und fragen ihn um Rat.

Ein Hertha-Manager sagte uns zu Beginn unserer Kooperation: „Unsere jungen Spieler kommen aus allen Schichten der Bevölkerung, oft auch aus sehr schwierigen Verhältnissen. Sie können einfach nur besser Fußball spielen als ihre Altersgenossen; ansonsten haben sie die gleichen Probleme wie alle anderen auch. Viele von ihnen brauchen individuelle Betreuung, und da ist ein Pädagoge sehr hilfreich."

Heute lerne ich hier beim Fußball-Bundesligisten auch einige neue Leute kennen. Hertha bezahlt Nachhilfelehrer für die Jungs und kümmert sich auch außerhalb des Fußballfelds um sie. Das ist leider nicht überall im Sport so. Bei Hertha steht neben dem Sport auch der Mensch im Fokus, und darüber freuen wir von der Arche uns sehr. Und unsere Arche-Kinder sind sehr glücklich über den Kontakt zu Hertha. Zu fast jedem Spiel dürfen zwischen 30 und 40 Kinder kostenlos ins Berliner Olympiastadion und es gibt viele weitere Formen der Zusammenarbeit. Für die Arche ist diese Freundschaft sehr wichtig, und wir hoffen, dass eine solche Kooperation zwischen einer sozialen Einrichtung und einem Bundesligaverein viele Nachahmer findet.

Doch kommen wir zurück zu dem jungen Mann, der gerade das Zimmer betreten hat. Ben strahlt uns an, schüttelt uns die Hände und erzählt uns kurz von seinem Tag in der Schule. Er steckt mitten in den Prüfungen für die mittlere Reife und hat sich gerade entschlossen, auch noch sein Abitur zu machen.

Ben stammt aus Bafang, einem kleinen Dorf im Westen Kameruns. Er hat die ersten zehn Jahre seines Lebens dort zusammen mit seiner Oma verbracht, die in seinem Heimatdorf als Grundschullehrerin arbeitet. Ben hat schon immer gern Fußball gespielt. Das Fußballfeld in Bafang war ein kleiner, unebener Platz mit vielen Steinen. Mit glänzenden Augen erzählt uns Ben: „Jeder konnte mitmachen, egal, wie alt er war. Unsere Fußballschuhe waren die, die wir gerade anhatten,

160

oder wir spielten einfach ohne Schuhe. Das hat sehr viel Spaß gemacht."

Mit zehn Jahren spielte Ben dann bei einem Turnier mit, das jedes Jahr für Kinder im Alter zwischen 10 und 14 Jahren ausgerichtet wurde. Er bekam vor dem ersten Spiel vom Sponsor seine ersten Fußballschuhe überreicht und schoss damit das 1:0-Sieg-Tor im Finale. Damit ging für Ben ein Traum in Erfüllung.

Schon als kleines Kind hatte er davon geträumt, Fußballprofi zu werden. Er wurde zu einem der besten drei Spieler dieses Turniers gewählt und ein Scout sprach ihn auf sein großes Talent an. Er wollte den Jungen sofort nach Deutschland holen, und Ben nutzte die Chance. Schon sein Vater war als Student einige Jahre in Berlin gewesen. Einige Monate später absolvierte Ben dann sein erstes Probetraining bei Hertha BSC – mit Erfolg. Heute spielt er als jüngster Spieler in der U17 in der Eliteliga dieser Altersklasse mit. Er hat alle Möglichkeiten, ein ganz Großer zu werden.

Das erste Jahr in Deutschland war für ihn sehr schwer, aber heute fühlt er sich hier schon recht heimisch und hat auch einen deutschen Pass. Auch seine Eltern leben inzwischen in Berlin. Das hilft ihm dabei, sein Heimweh zu vergessen.

Ben ist ganz aufgeregt; eine große Reise steht bevor. Zum ersten Mal nach vier Jahren in Deutschland will er seine Oma in Afrika besuchen. Wegen seiner guten Schulleistungen hat Hertha BSC sich für ihn eingesetzt, dass er schon drei Wochen vor der Zeugnisausgabe fliegen darf – für einen Monat.

Und dann erzählt Ben uns mit Tränen in den Augen, dass der Verein ihm einen Koffer voll mit Trikots und Schuhen für seine alten Freunde in der Heimat geschenkt hat. Damit hatte Ben nicht gerechnet.

Ben weiß heute, dass Träume in Erfüllung gehen können. Er hat dafür viel riskiert. Wer geht schon mit zehn Jahren allein ins Ausland und verlässt seine Familie? Nicht immer versteht Ben die Sorgen und Probleme seiner neuen Freunde in der Schule. Im Vergleich zu denen fühlt er sich schon sehr erwachsen, obwohl er sich gut mit ihnen versteht. Er will auch in den kommenden drei Jahren hart an sich arbeiten. Dann will er sein Abitur und einen Profivertrag in der Tasche haben. Sein Traum ist es, einen Stammplatz in der ersten Mannschaft seines Vereins zu ergattern. Wir sind davon überzeugt, dass er es schaffen wird.

Bens Geschichte ist ein wunderbares Beispiel dafür, wie auch ein Verein seine soziale Aufgabe wahrnimmt.

Deniz

Der 16-jährige Deniz ist ein waschechter Berliner. Seine Großeltern stammen zwar aus der Türkei, aber schon seine Eltern wurden in Berlin geboren, auch einige Tanten und Onkel wohnen in Deutschland. Deniz hat noch sechs Geschwister.

Alle zwei Jahre fährt die Familie in die Türkei. Dort lebt der Großteil ihrer Verwandten. Die haben fast alle keinen Job und sind auf die Hilfe der „deutschen" Familie angewiesen. 500 Euro werden monatlich in die Türkei überwiesen – ziemlich viel Geld, zumal der Vater der Einzige in der Familie ist, der einen Job hat. Aber irgendwie klappt es immer.

Manchmal denkt Deniz laut nach: „Wenn wir dieses Geld gespart hätten, dann wären wir heute reiche Leute." Aber wenn er so etwas sagt, setzt es vom Vater Hiebe. Die Familie geht über alles.

Deniz ist ein Sunnyboy; er legt sehr viel Wert auf sein Äußeres und hat eigentlich immer ein Lächeln auf den Lippen. Er ist in der Schule, im Verein, aber auch in der Nachbarschaft sehr beliebt – vor allem bei den Mädchen. Und er ist hilfsbereit. Zweimal in der Woche geht er für eine alte Dame einkaufen, die im Haus seiner Eltern wohnt. Diese Hilfeleistung ist für den Jungen selbstverständlich.

Schon immer wollte Deniz Profifußballer werden. Seit seinem sechsten Lebensjahr trainiert er dreimal in der Woche in einem bekannten Berliner Verein und auch darüber hinaus betätigt er sich sportlich. Die schulischen Leistungen des heute 16-Jährigen waren eigentlich immer gut. Dabei half ihm ein Pädagoge, der in dem Verein für alle Angelegenheiten außerhalb des Leistungssports zuständig ist. Nicht alle Vereine bieten diese Art von Unterstützung an. Gerade den Kindern, die es ohne fremde Hilfe nicht schaffen, wird so geholfen.

Doch vor einigen Monaten war der Junge auf einmal wie umgekrempelt. Er ging nicht mehr regelmäßig zum Training, zweimal ließ er seine Freunde und Mitspieler vor einem Spiel im Stich und erschien einfach nicht zum Meisterschaftsspiel. Er war aufbrausend und wurde einmal sogar seinem Trainer gegenüber handgreiflich.

In der Schule ließen seine Leistungen von heute auf morgen drastisch nach. In Mathe und Deutsch bekam er erstmals eine Fünf. Der Schuldirektor verstand die Welt nicht mehr. „Wie kann sich jemand so verändern – von einem Tag auf den anderen?", fragte er sich – wie viele andere in Deniz' Umfeld auch. Doch niemand kam auf die Idee, der Sache auf den Grund zu gehen – abgesehen von seinem Trainer. Er kennt und schätzt Deniz, den er schon seit vielen Jahren im Verein betreut, als immer ausgeglichenen und vorbildlichen Sportler.

Erste Gespräche brachten jedoch wenig. Deniz wollte nicht reden, er wirkte seinem väterlichen Freund gegenüber sogar hart und verschlossen.

In seiner Ratlosigkeit wandte sich der Trainer an einen Sozialarbeiter. Zusammen versuchten sie nun, mit dem Jungen ins Gespräch zu kommen. Sie trafen sich mit ihm in einer Jugendeinrichtung, die er hin und wieder besucht. Doch auch das brachte nichts. Auch hier war Deniz schon negativ aufgefallen. Mehrfach schon hatte er andere jugendliche Besucher provoziert. Was war nur los mit ihm?

Schließlich hatte der Trainer noch eine Idee: Einige Monate zuvor hatte Deniz ab und zu seinen älteren Bruder mit zum Training genommen. Nun rief der Trainer also den Bruder an und sie vereinbarten ein Treffen. Was Sascha, der Trainer, dabei von Deniz' Bruder erfuhr, erschreckte ihn.

Der Vater hatte Deniz kurz zuvor eröffnet, was für Pläne er für dessen Leben habe: Bald würde er sich mit der Lehrerin von Deniz treffen, um ihn von der Schule abzumelden. Der Mann hatte seinem Sohn bereits einen Job in der Firma besorgt, in der er selbst arbeitete. Vor allem sollte sich der Junge aber auf den Fußball konzentrieren. Die ganze Familie – insgesamt über 70 Personen – würde wieder in die Türkei zurückgehen und Deniz sollte das alles als Profifußballer finanzieren! „Wenn du nicht mitspielst, dann setzt es Hiebe", hatte ihm der Vater gedroht.

Deniz selbst hatte eigentlich ganz andere Pläne gehabt: Er wollte zwar weiter Fußball spielen, aber er wollte auch weiter auf die Schule gehen, um sein Abitur zu machen.

Zurzeit versucht Sascha, der Trainer des Jungen, eine Lösung für das Problem zu finden.

Deniz hat sich jetzt, wo er weiß, dass er mit seiner Situation nicht mehr allein ist, wieder ein wenig gefangen, und seine Leistungen in der Schule und im Verein werden wieder besser. Mit der finanziellen Unterstützung eines ganzen Clans ist der Junge aber eindeutig überfordert.

Seinen Traum, Fußballer zu werden, hat er immer noch. Sascha will ihn jetzt bei einem Großverein unterbringen, damit er woanders wohnen kann und wenigstens die räumliche Distanz zu seiner Familie etwas größer wird. Aber das wird Deniz sehr schwerfallen. Er liebt seine Familie.

Wie auch immer das Ganze ausgehen wird, eins zeigt diese Geschichte: Deniz brauchte jemanden, der sich seiner annimmt. Jetzt, wo er weiß, dass er auch unter den Erwachsenen Freunde und verlässliche Partner hat, sieht die Zukunft für ihn schon längst nicht mehr so hoffnungslos aus. Seine Probleme sind damit noch nicht gelöst, aber er muss sich ihnen nicht mehr allein stellen.

Es gibt in unserem Land viele Jugendliche wie Deniz, die Hilfe und Unterstützung von Personen aus ihrem Umfeld benötigen. Wir wünschen uns, dass mehr Menschen den Blick dafür bekommen, wo sie für Kinder und Jugendliche in ihrer Nachbarschaft oder ihrem persönlichen Umfeld da sein und ihnen auf ähnliche Weise helfen können wie in dem gerade beschriebenen Beispiel.

Solche Hilfe kann ein Leben positiv verändern!

Marc

Der 16-jährige Marc lebt in einem Berliner Fußballinternat. Eigentlich stammt er aus der Schweiz. Seit seiner frühesten Kindheit spielt er Fußball; begonnen hat er in einem kleinen Verein in der Nähe von Zürich. Schon sein Vater war ein bekannter Schweizer Nationalspieler, und natürlich gingen alle davon aus, dass auch Marc das Zeug zu einem ganz Großen hätte. Diesen Status genoss der Junge natürlich sehr. Er fühlte sich wie eine Art Popstar.

Die Eltern von Marc waren bei der Geburt des Jungen gerade einmal 18 Jahre alt. Ein Paar waren sie allerdings nie wirklich. Der Vater pflegte seinen Status als bekannter Fußballer und verließ die Mutter im Alter von 21 Jahren endgültig. Marc nahm er zu sich. Leider lebte er seinem Sohn nicht gerade einen beständigen Lebensstil vor. Immer wieder hatte er neue Lebenspartnerinnen und auch den Wohnort wechselte er sehr häufig. Eine Zeit lang lebten Vater und Sohn sogar im Ausland. Der Vater hatte als Fußballer einen guten Ruf und war auch über die Grenzen der Schweiz hinaus bekannt.

Marc tat diese Art von Leben nicht gut. Er konnte bei seinem Vater machen, was er wollte, und wenn er in den Ferien die Mutter besuchte, wurde er verwöhnt und von vorne bis hinten bedient.

Seine schulischen Leistungen waren nie besonders gut, und als er etwas älter wurde, ließ er auch im Sport nach. Disziplin war für ihn ein Fremdwort und er konnte sich nur schwer in ein Team einfügen. Außerdem war er unzuverlässig; zum Beispiel verpasste er einige Male die Abfahrt des Teambusses, wenn es zu Auswärtsspielen ging. Sein Verhalten führte schließlich dazu, dass er ein paar Mal sogar aus der Mannschaft flog. Aber trotz dieser Eskapaden schaffte er es in die Jugendnationalmannschaft seines Landes.

Doch immer noch ließ seine Disziplin sehr zu wünschen übrig. Er glaubte damals, auch ohne viel Training ein ganz Großer werden zu können. Statt zu trainieren, hing er zu Hause vor dem Fernseher, hörte Musik oder spielte am Computer. Stundenlang konnte er sich so beschäftigen. Mit 13 Jahren trank er das erste Mal Alkohol, und er fing an, abends mit seinen Kumpels um die Häuser zu ziehen. Oft kam er erst spät vom Feiern nach Hause. Seine Leistungen im Fußball ließen infolge seines Lebensstils natürlich immer mehr nach. In dieser Zeit wechselte er innerhalb kürzester Zeit mehrmals seinen Verein. Seine Schulnoten wurden auch immer schlechter. Auch zu Hause „spielte der Junge immer weniger mit", wie sein Vater es beschreibt. Zweimal war er zur „erkennungsdienstlichen Behandlung" bei der Polizei vorgeladen gewesen und ganz knapp an einer Vorstrafe vorbeigeschrammt. Er hatte kleinere Straftaten begangen und war dabei erwischt worden.

In einem waren sich die Eltern von Marc einig: Es musste etwas passieren. Marc sollte auf ein Internat. Über einen Spielerberater nahm der Vater Kontakt zu Hertha BSC Berlin auf. Dort erkannte man das Talent des jungen Fußballers und er wurde in das Sportinternat des Vereins aufgenommen.

Erwartungsgemäß war die Zusammenarbeit anfangs schwierig. Marc hatte eine Menge Lebensgewohnheiten, die einer Karriere als Fußballer im Weg standen. Wie schon in der Schweiz hing er nach dem Training mit „Freunden" ab. Natürlich lauern auch außerhalb von Hertha Dinge, die für die Jugendlichen reizvoll sind, ihnen aber leider schaden. Deshalb basteln die Verantwortlichen des Bundesligisten ständig an Konzepten, um die jungen Spieler noch besser zu betreuen.

Pädagogen und auch Psychologen kümmern sich in der Freizeit um die Jungspieler, die besonders gefährdet sind. Oft, das haben die Verantwortlichen dort gelernt, haben die jungen Menschen zwei Gesichter. Wenn sie das Trainingsgelände verlassen, tauchen sie manchmal in eine andere Welt ein. Die Verführungen lauern an allen Ecken und die jungen Spieler genießen bei ihren Freunden „draußen" einen besonderen Status. Durch ihren Spielerpass sind sie in der Bundeshauptstadt fast so etwas wie kleine Popstars, und das gefällt ihnen natürlich auch.

Doch zumindest im Verein können die Verantwortlichen Regeln durchsetzen und gerade hier hat besonders auch Hertha BSC beachtliche Erfolge aufzuweisen. Ein Betreuer, der bei der Arche angestellt ist, kümmert sich um die privaten, aber auch sportlichen Belange der Jugendlichen bei Hertha. Er hilft bei Problemen im Elternhaus oder in der Schule. Er ist Ansprechpartner der jungen Spieler in fast allen Lebensbereichen. Manchmal übernimmt er sogar Aufgabenbereiche, die eigentlich Sache der Eltern sind. So genießt der Nachwuchs eine moderne Ausbildung und Betreuung, die sich nicht nur auf den Fußball beschränkt. Das ist auch bitter nötig, aber eben nicht überall die Regel.

Den Sprung zum Profifußballer schaffen pro Jahr nicht mehr als drei junge Männer, obwohl natürlich alle davon träumen. Hertha BSC bietet 18 Internatsplätze an. Viele der jungen Spieler kommen aus dem Großraum Berlin und wohnen daher zu Hause. Aber auch diese Jungspieler erhalten Betreuung und Hilfe, wenn sie das wollen. Rund 200 Kinder und Jugendliche spielen zurzeit in den Mannschaften der U7 bis U23. Sicher genießen diese Spieler eine Unterstützung in ihrer Persönlichkeitsentwicklung, die ihresgleichen sucht.

Doch zurück zu Marc. Der ist heute nach den zwei Jahren bei Hertha BSC Berlin nicht mehr wiederzuerkennen. Er lernt gut in der Schule, ernährt sich gesundheitsbewusst und trainiert wie ein Weltmeister. Er hat gelernt, ein Teamplayer zu sein. Über seine Eskapaden in seiner Zeit in der Schweiz kann er heute nur noch den Kopf schütteln. Er hat seine Wünsche und Träume mit harter Arbeit und Disziplin in die Tat umgesetzt. Dabei hat man ihm bei Hertha BSC mit der fachlichen Beratung sehr geholfen. Aber er hat noch einen ganz großen Traum: Er will den Sprung in die erste Mannschaft bei Hertha BSC schaffen. Ob er das packt, hängt von vielen Faktoren ab. Aber seine Chancen stehen zurzeit sehr gut.

Die guten Ergebnisse der Arbeit von Hertha sind mittlerweile bis ins benachbarte Ausland bekannt. Der Spielervermittler, der Marc damals den Weg zu Hertha ebnete, stand neulich mit einem neuen Jungspieler aus der Schweiz bei dem Bundesligisten auf der Matte. „Sven ist ein glänzender Fußballer, aber er schlägt immer wieder über die Stränge. Könnt ihr ihm helfen? Ihr habt ja schon mit Marc so tolle Ergebnisse erzielt." Bei Hertha BSC ist man zu Recht stolz auf Erfolge wie diesen. Sie zeigen, dass es sich lohnt, sich für junge Menschen einzusetzen.

Kapitel 6

Wie die Arche Kinder stark macht

Erfahrungen aus der Praxis

Auf den folgenden Seiten soll es darum gehen, was die Arche tut, um sozial benachteiligte Menschen für das Leben zu stärken. Es handelt sich um eine Ausarbeitung von Bernd Siggelkow in Zusammenarbeit mit Mirjam Müller, Diplom-Sozialpädagogin und ausgebildete STEP-Elterntrainerin mit Weiterbildung in psychosozialer Beratung, und Susanne Katja Zink, Diplom-Psychologin, Beraterin und Coach, ausgebildet in systemischer Familientherapie.

Die Arche – ein rettender Strohhalm

Derzeit sind Kinder und Jugendliche, die unter schwierigen Bedingungen aufwachsen, beinahe täglich Gegenstand politischer und pädagogischer Diskussionen in den Medien. Sogenannte „Risikogruppen", die aufgrund ihrer Herkunft, Bildung oder der Einkommensverhältnisse der Eltern als benachteiligt gelten, erfahren eine nie zuvor erlebte Aufmerksamkeit.

Zahlreiche Risikofaktoren, die eine gesunde Entwicklung beeinträchtigen können, wurden identifiziert und untersucht. Besonders die Kinderarmut mit ihren Ursa-

Manchmal scheinen sich Eltern, ebenso wie ihre Kinder, an die Hilfsangebote der Arche zu klammern wie an einen Rettungsring, weil sie selbst ihre Hoffnung verloren haben – ebenso wie die Kraft, das Leben wieder anzupacken.

chen und Folgen und auch alle möglichen Hilfsangebote sind in den Medien häufig Thema.

In unserer täglichen Arbeit in der Arche begegnen wir der ganzen Bandbreite dieser Problematik. Manchmal scheinen sich Eltern, ebenso wie ihre Kinder, an die Hilfsangebote der Arche zu klammern wie an einen Rettungsring, weil sie selbst alle Hoffnung verloren haben – ebenso wie die Kraft, das Leben wieder anzupacken.

Wir fragten uns nun, wie wir die Widerstandsfähigkeit (Resilienz) unserer Besucher stärken können und wie es kommt, dass manche Menschen schwierigste Lebensumstände oder Schicksalsschläge ertragen können und unter Umständen sogar daran wachsen, während andere daran zerbrechen. Wodurch entwickelt sich bei manchen trotz Not, Leiden und Schmerzen am Ende Durchhaltevermögen, Charakterstärke und Optimismus?

Resilienz

Der Begriff „Resilienz" leitet sich von dem englischen Wort „resilience" (Widerstandsfähigkeit, Spannkraft, Flexibilität) ab und bezeichnet die Fähigkeit einer Person oder eines sozialen Systems (wie zum Beispiel einer Familie), erfolgreich mit belastenden Lebensumständen und den negativen Folgen von Stress umzugehen. Resilienten Menschen gelingt es also, sich von einer schwierigen Lebenssituation nicht unterkriegen zu lassen, sondern Ressourcen zu deren Bewältigung zu aktivieren und unter Umständen sogar gestärkt daraus hervorzugehen.

Als Risikofaktoren, die die Entwicklung beeinträchtigen können, werden immer wieder die folgenden Umstände genannt: ein niedriger sozioökonomischer Status und chronische Armut, oft verbunden mit einem schwierigen Lebensumfeld, in dem hohe Arbeitslosigkeit und/oder Kriminalitätsraten vorherrschen.

In der Familienstruktur gelten als Risikofaktoren eine sehr frühe Elternschaft (vor dem 18. Lebensjahr), die Abwesenheit eines Elternteils sowie das Leben in einer Pflegefamilie oder eine Adoption.

Kritisch sind chronische Krankheiten (körperlich oder psychisch) und Todesfälle in der engsten Familie, chronische familiäre Probleme, elterliche Trennung und Scheidung oder häufig wechselnde Partnerschaften der Eltern. Geringes Einkommen oder Arbeitslosigkeit der Eltern, oft verbunden mit einem niedrigen Bildungsniveau, wirken sich ebenso gefährdend auf das Kindeswohl aus wie ungünstige Erziehungspraktiken der Eltern (zurückweisendes oder inkonsequentes Verhalten). Besondere Belastungen sind Traumata durch Unglücksfälle, körperliche Gewaltanwendung und sexueller Missbrauch.

Bei der Untersuchung von Risikoeinflüssen wurde festgestellt, dass diese selten unabhängig voneinander, sondern häufig zusammen auftreten und sich gegenseitig verstärken. Viele Kinder werden also mit mehreren Risikofaktoren konfrontiert, und diese sind meist Hinweise auf eine problematische soziale Gesamtsituation. So sind die Eltern von Kindern, die in chronischer Armut aufwachsen, mit höherer Wahrscheinlichkeit alleinerziehend, arbeitslos, psychisch krank, alkohol- oder drogenabhängig. Oft sind diese Kinder auch aufgrund schlechterer Ernährung und Pflege höheren Gesundheitsgefährdungen ausgesetzt. Es ist also nicht nur die

Art, sondern vor allem auch die Anzahl der auftretenden Risiken entscheidend für die Entwicklung des Kindes.

Was die Arche tut

Die Familien, die uns in der Arche aufsuchen und mit denen wir arbeiten, sind häufig arme Familien in gravierenden Unterversorgungslagen; man spricht auch von „Multiproblemfamilien". In diesen Familien tritt die oben beschriebene Häufung von psychischen, sozialen, beziehungsmäßigen, biografischen und finanziellen Risikofaktoren auf, und manchmal hat es den Anschein, als fielen diese Familien von einer Krise in die nächste. Dieser Herausforderung begegnen wir in Einzelgesprächen, aber auch, indem wir ganz praktische Hilfestellung geben, und unser Ziel ist es, die Familien in ihrer individuellen Situation aufzufangen.

Unsere Haltung im Umgang mit den Eltern ist ein Eingehen auf ihre Schwierigkeiten, das sie nicht sanktioniert. Die von uns angebotenen Programme dienen als Plattform zum Austausch mit den Eltern. Durch den praktisch erlebbaren christlichen Glauben, die Vermittlung von Werten und Hoffnung soll der Blick nach vorne gestärkt werden. Die Begleitung von Kindern und die Unterstützung der Familien können so Hand in Hand gestaltet werden. Das heißt, wir betreuen das Kind, die Eltern besuchen bei uns den Elternkurs und wir lernen sowohl Kind als auch Eltern immer besser kennen. Damit unterscheidet sich der Kontakt mit Eltern, wie wir ihn erleben und gestalten, stark von dem, wie er üblicherweise in der Kinder-

und Jugendhilfe oder im öffentlichen Bildungswesen (Kindertageseinrichtungen, Schule) gepflegt wird.

Freiwilligkeit bringt Offenheit

In der Kinder- und Jugendhilfe ist die Ausgangssituation oft keine freiwillige, vielmehr handelt es sich um einen „Zwangskontext", das heißt, die Eltern sind auf Unterstützung von außen angewiesen, da ihre Kompetenz für die alleinige Erziehung nicht auszureichen scheint. Oft *müssen* sie auf Druck von Behörden etc. zur Beratung gehen. Damit ist die Bereitschaft der Eltern zur Zusammenarbeit leider aber oft nicht gegeben.

In der Kinder- und Jugendhilfe ist die Ausgangssituation oft keine freiwillige, vielmehr handelt es sich um einen „Zwangskontext". In die Arche hingegen kommen die Eltern auf freiwilliger Basis, indem sie unsere Einladungen und Angebote annehmen.

In die Arche hingegen kommen die Eltern auf freiwilliger Basis, indem sie unsere Einladungen und Angebote annehmen. Unser Vorgehen ist dann auch weniger ein problemzentriertes als ein ressourcen- und lösungsorientiertes, das heißt, wir suchen gemeinsam mit den Eltern nach möglichen Wegen, um die Situation der Kinder bzw. der gesamten Familie zu verbessern. Ein Ansatz ist hier, die Ressourcen und Schutzfaktoren zu verstärken und zu entwickeln. Schutzfaktoren einer Person sind zum Beispiel eine positive Lebenseinstellung und ein Gefühl der Zuversicht in Bezug auf die eigene Zukunft, auch wenn Hindernisse zu überwinden sind. Solchen inneren Schutzfaktoren wird eine unschätzbar wichtige Rolle für die Entwicklung der Kinder zugeschrieben, denn sie dienen sozusagen als Puffer für Risikofaktoren; die Auftretenswahrscheinlichkeit von Störungen wird geringer, je besser das Kind mit inneren Schutzfaktoren ausgestattet ist, da diese zur Entwicklung von Resilienz, also Widerstandskraft beitragen.

Resiliente Kinder verfügen über eine realistische Selbsteinschätzung, Zielorientierung und soziale Kompetenz. In der Zeit des Heranwachsens übernehmen viele solche Kinder bereits soziale Verantwortung, indem sie auf ihre Geschwister aufpassen, im Haushalt helfen oder eine Teilzeitarbeit übernehmen. Das hilft ihnen einerseits, kann andererseits aber auch eine Belastung darstellen. Hier versuchen wir in der Arche, ihnen das Gefühl zu vermitteln, dass sie nicht allein dastehen und in unseren Mitarbeitern jederzeit Ansprechpartner haben. Auch durch die Vermittlung von Glaubensinhalten, Liebe und Hoffnung tragen wir zur Stärkung des Selbstwertgefühls und der positiven Zukunftsorientierung bei. Wir haben die Erfahrung gemacht, dass der Glaube an Gott mit der stärkste Faktor für ein positives Selbstbild und einen hoffnungsvollen Blick auf das Leben ist. Die Gewissheit, dass da jemand ist, der mich genau so gewollt und erschaffen hat, wie ich bin, der einen guten Plan mit meinem Leben hat und der auch dann noch alles im Griff hat, wenn alles nach Chaos aussieht, ist gerade für Kids aus schwierigen Verhältnissen von unschätzbarer Wichtigkeit.

Bei den familiären Schutzfaktoren sind vor allem die Beziehungs-, Bindungs- und Erziehungsqualität von großer Bedeutung. So ist ein höheres Bildungsniveau, vor allem aber ein einfühlsamer sowie konsequenter Erziehungsstil der Mutter hilfreich, der durch Wärme geprägt ist. Viele Studien benennen die positive Beziehung zu mindestens einer Bezugsperson als wichtig und machen deutlich, dass die Kinder aus dieser Bindung ihr Selbstbild und ihren Selbstwert ableiten. Ein positives

> Resiliente Kinder verfügen über eine realistische Selbsteinschätzung, Zielorientierung und soziale Kompetenz.

Familienklima und eine stabile Paarbeziehung geben gerade in Krisenzeiten ein Gefühl von Stabilität. Deshalb setzen wir in der Arche alles daran, den Kindern einerseits eine vertrauenswürdige Anlaufstelle zu sein und andererseits ihre Eltern darin zu bestärken, ihre Aufgaben und Chancen besser wahrzunehmen.

Elternberatung

Durch Beratung in Einzelgesprächen und seit Kurzem durch das Angebot eines Elterntrainings wollen wir die Erziehungs- und Konfliktlösekompetenz „unserer" Familien stärken. Häufig sind die Eltern selbst noch halbe Kinder oder stark mit persönlichen Problemen beschäftigt und mit der Erziehung der Kinder in vielen Situationen überfordert. Aus der Erkenntnis heraus, dass weder das autoritäre noch das antiautoritäre Erziehungsmodell den Anforderungen der heutigen Gesellschaft gerecht wird, bietet dieses Training die Prinzipien einer demokratischen Kindererziehung als Antwort auf die Herausforderungen unserer Zeit. Die Grundidee des Konzeptes ist die Gleichwertigkeit der Eltern (oder anderen Erziehenden) und Kinder als würdige Menschen sowie das Recht und die Verpflichtung aller zu gegenseitigem Respekt. In Rollenspielen werden kritische Situationen nachgestellt und alternative Handlungsmuster gesucht.

Immer mehr Eltern baten in letzter Zeit um Gespräche mit unseren Betreuern und wünschten sich auch einen stärkeren Austausch untereinander.

Elterncafé

Immer mehr Eltern baten in letzter Zeit um Gespräche mit unseren Betreuern und wünschten sich auch einen stärkeren Austausch untereinander. Daraufhin boten wir zweimal pro Monat ein sogenanntes „Elterncafé" an. Mit der Einführung von Hartz IV erlebten wir eine weitere Verschlechterung der finanziellen Situation und immer mehr Eltern berichten uns von ihren Notlagen; vor allem bitten sie um Lebensmittel. Dank der freundlichen Unterstützung von Spendern aus den Regionen waren wir in der Lage, Lebensmitteltüten mit verschiedenen Grundnahrungsmitteln auszugeben. Dies sprach sich schnell herum, und es wurden immer mehr Lebensmittel ausgegeben, aber noch ohne klaren Rahmen und Termin. Da dies schließlich organisatorisch kaum mehr zu bewältigen war, legten wir als feste Termine jeweils die beiden letzten Freitage des Monats fest. Zu diesem Zeitpunkt ist häufig bereits „Ebbe" in der Haushaltskasse der Familien und Hilfe wird dringend benötigt. Viele Eltern nutzten diese Gelegenheit auch, um uns ihre Sorgen zu erzählen und sich untereinander auszutauschen.

Um diesen Gesprächen, die bislang mehr „zwischen Tür und Angel" abliefen, einen festen Rahmen und mehr Zeit zu geben, wurden die Tütenausgabe und das Elterncafé schließlich zusammengelegt.

Zu Beginn gibt es einen kurzen thematischen Input, häufig ein pädagogisches, erzieherisches oder rechtliches Thema. Ebenso berühren wir Fragen der Bildung und daneben steht den Eltern ein Rechtsanwalt zur Beratung zur Verfügung. Mögliche Themen sind zum Beispiel: „Ermutigung in der Erziehung", „Wie lese ich einen Hartz-IV-Bescheid?", „Welche Kinderkrankheiten gibt es?", „Spiele in der Familie", „Wie reagiere ich auf das Zeugnis meines Kindes?", „Gesunde Ernährung" und vieles mehr.

Im Anschluss an diesen Input haben die Eltern dann Gelegenheit, sich bei einem gemütlichen Frühstück miteinander auszutauschen und mit den Betreuern der Arche über ihr Kind, ihre Situation oder besondere aktuelle Themen zu sprechen. Zum Abschluss erfolgt die Ausgabe der Lebensmitteltüten und bei Bedarf werden dann Einzelgespräche mit den Eltern geführt oder ein weiterer Termin vereinbart. Mittlerweile sind diese Veranstaltungen so gut besucht, dass wir kaum mehr wissen, wohin mit den vielen Menschen. Die letzte Besucherzahl lag bei 130 Personen.

Ebenso stellen wir bei unserem Angebot, ein kostenfreies Mittagessen zu erhalten, einen immer größeren Bedarf fest. Dies führen wir auf die schlechte finanzielle Situation und das gewachsene Vertrauen zur Arche zurück, das heißt, die Eltern haben keine Schwellenängste mehr. Mittlerweile dürfen Eltern mit ihren Kindern kommen.

> Gelingende zwischenmenschliche Beziehungen spielen eine entscheidende Rolle für unsere psychische und körperliche Gesundheit und als Folge sind unsere Bindungsfähigkeit und die Qualität unserer Beziehungen lebenslang wichtig für unser Wohlbefinden.

Ausblick und Wünsche

Gelingende zwischenmenschliche Beziehungen spielen eine entscheidende Rolle für unsere psychische und körperliche Gesundheit und als Folge sind unsere Bindungsfähigkeit und die Qualität unserer Beziehungen lebenslang wichtig für unser Wohlbefinden. Wir brauchen für unsere gesunde Entwicklung zumindest eine Bindungsperson als Basis der Sicherheit. Ohne ein Mindestmaß an sicheren Beziehungen in der Kindheit kann keine psychische Sicherheit entwickelt werden und der frühe und stabile Aufbau von Beziehungen ist lebensnotwendig für eine positive Entwicklung. Untersuchungen zu Bindungsmustern und dem Bewältigungsverhalten von Jugendlichen und Erwachsenen im Umgang mit täglichen Belastungen ergaben, dass sich die Menschen, die sicher gebunden waren, aktiver mit ihren Problemen auseinandersetzten und ihr soziales Netzwerk aktiver nutzten als diejenigen, die in ihrer Kindheit keine Bindungen aufbauen konnten; diese neigten zu Verschlossenheit und passivem Rückzug.

Sichere Beziehungen und soziale Einbindung sind also für die gesunde Entwicklung von Kindern und Jugendlichen von größter Bedeutung, und trotz Familienzerrüttung, Armut oder psychischen Krankheiten in der Familie haben viele der resilienten Jugendlichen zumindest eine Bezugsperson in ihrer näheren Umgebung, zu der sie einen engen und stabilen Kontakt aufbauen konnten. Dabei kann es sich um einen Verwandten, Lehrer, Sozialarbeiter oder Pastor handeln, der die Funktion eines „Mentors" übernimmt. Die Kinder, die zu uns kommen, finden zu Hause häufig nicht die Zuwendung, die sie so dringend brauchen, und so ist die Arche für viele der Kinder ein Ort des Trostes geworden.

Kinder mit einem Mentor – einem Erwachsenen, der neben den Eltern eine wichtige Rolle im Leben spielt – haben später größere Aussichten auf schulischen und beruflichen Erfolg, ein stabileres psychisches Wohlbefinden und eine bessere Gesundheit.

Auch die Schule kann resilienzfördernd sein und zu einer zweiten Heimat werden. Hilfreich hierbei sind klare Strukturen, Regeln und Pflichten, hohe Leistungsanforderungen, Angebote, die den Schülern bei der Lebensbewältigung helfen, und eine zielorientierte Führung durch den Klassenlehrer. Hierdurch werden vor allem bei Jugendlichen aus sozial schwachen Gebieten Gefühle der Isolation und Benachteiligung gemindert und Halt und Sicherheit vermittelt. Auch der Kontakt mit Gleichaltrigen, die als Rollenmodell agieren, stellt einen wichtigen Schutzfaktor dar. Hier sind besonders Lehrer und Erzieher gefragt, die sich diese Zusammenhänge und Chancen immer wieder bewusst machen sollten. Sie haben großartige Möglichkeiten, eine im hohen Maße gefährdete Generation positiv zu prägen – sie sollten sie allerdings auch nutzen!

Aber nicht nur „Fachleute" können hier aktiv werden. Vielleicht könnten auch Sie sich dem Gedanken öffnen, eine Art Mentorenbeziehung zu einem Kind oder Jugendlichen aus Ihrem Bekannten- oder Verwandtenkreis aufzubauen. Das hört sich komplizierter an, als es ist. Im Wesentlichen geht es darum, Kindern das zu bieten, was sie am Dringendsten brauchen: Zuwendung, ein offenes Ohr, eine stabile, sichere Beziehung. Dazu braucht man keine große Organisation, kein Geld und keine professionelle Ausbildung.

Möglicherweise kennen Sie ein Kind oder einen Jugendlichen, zu dem Sie einen guten Draht haben. Interessieren Sie sich für dieses Kind. Stellen Sie Fragen, hören Sie zu, seien Sie einfach da. Manchmal helfen schon kleine Bemerkungen einem anderen Menschen, seine ganze Zukunft in einem anderen Licht zu sehen: „Ich glaube, du wirst mal eine richtige Schönheit!" – „Mir ist aufgefallen, wie fürsorglich du dich um deine kleine Schwester kümmerst. Ich könnte mir vorstellen, dass du später einmal eine super Erzieherin oder Lehrerin werden könntest."

Schon ist ein Anfang gemacht, eine Beziehung hat begonnen – das ist nicht schwer und kann für dieses eine Kind die ganze Welt bedeuten.

Fazit

Ein persönliches Wort zum Schluss

Kinder bringen Leben ins Leben

Oft werde ich (Bernd Siggelkow) gefragt, wie man in der heutigen Zeit denn bloß sechs Kinder in diese Welt setzen kann und ob das nicht außerdem viel zu stressig ist.

Natürlich sind die Zeiten unsicher, und ja, Kindererziehung ist anstrengend – aber wenn ich mir meine Familie anschaue, dann weiß ich: Das ist alles wert!

Viele Menschen in unserem Land sehen Kinder leider einzig und allein als einen Kostenfaktor und als Einschränkung der persönlichen Freiheit. Bei unserer Familienplanung spielten diese Überlegungen keine Rolle. Selbstverständlich war uns bewusst, dass es, wenn wir Kinder wollten, in unserem Leben Entbehrungen geben würde – in finanzieller Hinsicht wie auch in der Gestaltung unserer Freizeit –, doch die Vorfreude auf das neue Leben und die Aussicht auf eine fröhliche Familie waren größer als die Sorge um den Verlust eines Stücks persönlicher Freiheit oder um das liebe Geld.

Wie erwartet, veränderte sich nach der Geburt unseres ersten Sohnes unser Leben komplett. Alles drehte sich auf einmal nur noch um das Kind. Wo immer wir mit unserem Baby unterwegs waren, wollten die Menschen das neue Leben im Kinderwagen bestaunen. In unserer Kirchengemeinde stand das Baby immer im Mittelpunkt. Jeder wollte es auf den Schoß nehmen, mit ihm schmusen und ihm ein Lächeln entlocken. Das Kind war nicht nur eine Bereicherung für uns, sondern auch für viele Personen in unserem Umfeld.

Das Gefühl, für das Leben eines anderen Menschen verantwortlich zu sein, war neu, aber auch herausfordernd und spannend. Die ersten Laute und Worte, die ersten Schritte, die erste Umarmung und der erste Kuss – all diese Ereignisse mit jedem unserer Kinder sind so wertvoll, dass sie alle weniger erfreulichen Erlebnisse wettmachen, die zu einem Leben mit Kindern nun einmal auch dazugehören.

> Die ersten Laute und Worte, die ersten Schritte, die erste Umarmung und der erste Kuss – all diese Ereignisse mit jedem unserer Kinder sind so wertvoll, dass sie alle weniger erfreulichen Erlebnisse wettmachen, die zu einem Leben mit Kindern nun einmal auch dazugehören.

Natürlich bringen Kinder auch Probleme mit sich, das wollen wir gar nicht verschweigen. Das fängt mit den kleinen Sorgen an: Als junges Paar saßen wir zum Beispiel einmal mit unserem Baby in einem Park und genossen die Sonne und das schöne Wetter. Es waren mindestens 30 Grad, und so suchten wir unter einem Kastanienbaum ein wenig Schatten. Am nahe gelegenen Kiosk kaufte ich etwas zu trinken, und wir genossen, auf der Parkbank sitzend, das Gezwitscher der Vögel. Alle paar Augenblicke schauten wir nach unserem Kind, um zu sehen, ob mit ihm auch alles in Ordnung war. Schließlich klappten wir das Verdeck des Kinderwagens zurück, damit der Kleine genug frische Luft bekam und bei der Hitze nicht so schwitzen musste. Zudem konnten wir ihn so besser sehen, wie er ruhig schlief. Wir waren glücklich und lehnten uns schließlich entspannt zurück.

Plötzlich wurden wir von dem herzzerreißenden Schreien unseres Kindes aufgeschreckt. Eine Kastanie hatte sich vom Zweig gelöst und war genau auf das kleine Köpfchen unseres Säuglings gefallen.

Wir machten uns fürchterliche Vorwürfe. Wie hatten wir uns nur ausgerechnet unter einen Kastanienbaum setzen können, ohne uns Gedanken darüber zu machen, dass so etwas passieren könnte?

Diese Reaktion war natürlich übertrieben. Solche Dinge passieren nun einmal; alle Eltern machen Erfahrungen wie diese. Sie erleben tagtäglich dieses Wechselspiel aus Sorge, Glück, Schmerz, Freude und Verantwortung. Kinder bringen eben Leben ins Leben. Sie machen den Alltag bunter.

Wir wünschen uns, dass sich mehr Paare in unserem Land dafür entscheiden, ihrem Leben mehr Farbe zu verleihen und eine Familie zu gründen, damit auch sie erleben: Kinder sind eine unglaubliche Bereicherung.

Wir wünschen uns, dass sich mehr Paare in unserem Land dafür entscheiden, ihrem Leben mehr Farbe zu verleihen und eine Familie zu gründen, damit auch sie erleben: Kinder sind eine unglaubliche Bereicherung.

Und wir wünschen uns, dass unsere gesamte Gesellschaft die tiefe Bedeutung dieser Tatsache erkennt: Kinder sind eine Bereicherung – nicht nur für das persönliche Leben, sondern auch für unser Land. Leider lässt der Status quo jedoch nur den Schluss zu, dass Kinder in unserer Gesellschaft nicht willkommen sind.

Versetzen Sie sich einmal zurück in Ihre Kindheit. Bestimmt hatten auch Sie so einen Nachbarn, der sich ständig über den Lärm beschwerte, den Sie und Ihre Freunde beim Spielen veranstalteten, sodass Sie sich einen anderen Platz suchen mussten, an dem Sie herumtollen konnten, ohne Ärger zu riskieren. Solche

Menschen gab es immer schon. Manchmal hat man allerdings das Gefühl, die Kinder heute haben es noch viel schwerer, sich einen Platz in der Gesellschaft zu erkämpfen und Orte zu finden, an denen sie willkommen sind.

Auf zahlreichen Wiesen in Städten findet man Schilder mit dem Hinweis „Betreten verboten". In Mietshäusern gibt es immer wieder Ärger mit den Nachbarn, wenn die Kinder zu laut sind. Fällt beim Fußballspielen zu oft der Ball in Nachbars Garten, wird auch schon einmal die Justiz eingeschaltet. Familien mit mehreren Kindern haben es oft schwer, eine Wohnung oder ein Haus zu finden, weil man den Lärm fürchtet, den die Kinder machen könnten.

Und wir wünschen uns, dass unsere gesamte Gesellschaft die tiefe Bedeutung dieser Tatsache erkennt: Kinder sind eine Bereicherung – nicht nur für das persönliche Leben, sondern auch für unser Land.

In Hamburg musste vor einiger Zeit ein Kindergarten geschlossen werden, weil die Nachbarn sich über den Lärm der Kinder beschwerten. Wohlgemerkt: Die Einrichtung öffnete um 8:00 Uhr morgens und schon am Nachmittag war deutlich weniger los. Nach 17:00 Uhr war so gut wie kein Kind mehr in der Einrichtung und am Wochenende hatte der Kindergarten natürlich geschlossen. Hinzu kommt: Das Gebäude lag unmittelbar an einer stark befahrenen Hauptstraße; der Verkehrslärm war manchmal nicht zu ertragen. Trotzdem: Nicht der Lärm der Autos war für die Anwohner das Problem, sondern der der Kinder. Die Einrichtung musste also dichtmachen. Die Nachbarn hatten sich durchgesetzt und die Kinder zogen den Kürzeren.

Wenn wir irgendwo in Deutschland eine neue Arche planen, bekommen wir nicht selten Gegenwind von den Nachbarn. Wer hat schon gern jede Menge Kinder in seiner Nähe, und dann auch noch welche aus Hartz-IV-Familien?

Warum nur verstehen sich Alt und Jung manchmal so schlecht? Haben die Alten vergessen, wie sie als Kinder waren? Haben sie womöglich nie erfahren, welche Freude Kinder bereiten können?

Leider gibt es zahlreiche Vorurteile. „Die heutige Jugend ist so verdorben! Die jungen Leute trinken, nehmen Drogen und sind faul." Doch denken wir einmal nach. Noch nie zuvor war eine junge Generation so vielen Versuchungen ausgesetzt. Und diese Ablenkungen und Verführungen haben wir Erwachsenen erfunden und nicht die Kinder! Daher brauchen sie auch unsere Hilfe und Unterstützung, um angemessen damit umzugehen. Abgesehen davon gab es Vorurteile gegenüber der Jugend wie die oben genannten immer schon.

Wir müssen uns bewusst machen: Eine Gesellschaft kann nur dann überleben, wenn sie ihren Kindern eine Chance gibt. Und dazu brauchen wir Kindergärten, Jugendzentren, Schulen, Sporteinrichtungen, Mehrgenerationenhäuser – und ein Umfeld, in dem junge Menschen willkommen sind. Die Alten müssen zu Lobbyisten der Jungen werden, nur dann haben auch sie eine Zukunft. Die jungen Menschen brauchen auch außerhalb der Familie Erwachsene, die ihnen verlässliche Partner sein wollen.

> Eine Gesellschaft kann nur dann überleben, wenn sie ihren Kindern eine Chance gibt.

Wir müssen lernen, wieder Vorbilder zu sein und nicht den grenzenlosen Egoismus zu leben. Ein Land kann nicht überleben, wenn jeder nur an sich denkt. Soziales Denken muss unser Handeln bestimmen. Die Grundethik und Moral in einem Land muss stimmen. Wir alle sind Teil eines Getriebes, das den Ablauf des Lebens in unserem Land in Schwung hält. Wenn Teile davon nicht funktionieren, dann fängt der Motor an zu stottern und bleibt irgendwann stehen.

Die Kinder sind die Schwächsten in unserem System. Sie brauchen unseren besonderen Schutz und unsere Hilfe. Wenn sie die in ihrer Familie nicht bekommen, dann suchen sie sie woanders. Wenn aber wir als Gesellschaft den Kindern diese Hilfe ebenfalls nicht geben, dann werden sie sich später auch gegen die Gesellschaft stellen.

Kürzlich hat ein siebenjähriger Junge in Berlin ein Mädchen überfallen. Er wollte ihr Handy stehlen. Der Junge lebte mit seinen sechs Geschwistern und seiner 26-jährigen Mutter, die schon wieder schwanger war, von Sozialhilfe. Der Überfall war ein erster großer Hilfeschrei des Kindes. Wenn so etwas geschieht, sind wir alle gefordert. Wir müssen die Politik unter Druck setzen, wieder mehr für unsere Kinder zu tun. Nur weil die noch nicht wählen dürfen, heißt das nicht, dass sie nichts zu sagen haben. Wir können unsere Stimmen für sie erheben und für sie einstehen.

Sie haben das Leben noch vor sich. Sie wollen die Welt erobern und verbessern. Sie alle tragen ein riesiges Potenzial in sich, das geradezu danach schreit, gefördert zu werden. Und das wünschen sie sich auch, wie unsere Umfragen gezeigt haben.

Glücklich das Kind, dem diese Förderung zuteilwird, das in einem liebevollen Elternhaus aufwächst, in dem für seine gesunde körperliche und mentale Entwicklung Sorge getragen wird und in dem die finanziellen Mittel vorhanden sind, um seine Begabungen und Bestrebungen zu fördern.

Leider gibt es aber, wie wir festgestellt haben, in unserem Land immer mehr Kinder, die in ganz anderen Verhältnissen aufwachsen. Kinder, die das gleiche Potenzial in sich tragen wie alle anderen auch, die aber niemanden haben, der sich dafür einsetzt, dass es auch zutage gefördert wird.

Zurzeit sorgt in erster Linie die soziale Unterschicht für Nachwuchs in unserem Land. Umso tragischer ist es doch, dass gerade diese Kinder zum allergrößten Teil nicht gefördert, ja oft nicht einmal wahrgenommen werden. Dabei sind sie die Zukunft unseres Landes.

Warum investieren wir nicht in diese Zukunft? Warum kümmert sich die Politik nicht intensiv um die Kinder, die das Pech haben, in der falschen Familie zu leben?

Die Porträts in dem vorliegenden Buch machen deutlich, wie Kinder empfinden und wie wichtig es ist, dass wir ihnen zuhören und sie mehr und mehr verstehen lernen. Sie sind die faszinierendsten Geschöpfe auf dieser Erde mit dem Potenzial, viele Dinge zum Besseren zu verändern.

Wenn wir die „vergessenen Kinder" unseres Landes angemessen fördern wollen, dürfen wir aber auch die Eltern nicht außer Acht lassen, die sich oft schon aufgegeben haben und ihre eigene Hoffnungslosigkeit an ihre Kinder weitervermitteln. Die Anhebung der Hartz-IV-Sätze für Kinder kann hier nur ein Teilansatz sein.

Wir stellen fest, dass nach und nach auch immer mehr Eltern in unsere Archen kommen, da sie hier Ansprechpartner und die Vertrauenspersonen ihrer Kinder finden. Sie suchen Rat bei uns und finden nicht selten mithilfe unserer Mitarbeiter eine neue Perspektive.

> Leider gibt es aber in unserem Land immer mehr Kinder, die das gleiche Potenzial in sich tragen wie alle anderen auch, die aber niemanden haben, der sich dafür einsetzt, dass es auch zutage gefördert wird.

So etwas ist auch anderswo möglich. Immer mehr ALG-II-Empfänger müssen auf das Angebot der „Tafeln" zurückgreifen. Hier könnten Pädagogen, Rechtsberater und Ehrenamtliche sitzen, die den Eltern zum Beispiel Schuldnerberatung, Rechtsberatung und Lebenshilfe anbieten. Natürlich nicht als Konkurrenz für die Einrichtungen, die das professionell tun, aber wir müssen uns schon im Klaren darüber sein, dass die Menschen nicht immer in solche Facheinrichtungen gehen, da die Hemmschwelle hier einfach zu hoch für sie ist. Diese Leute brauchen Menschen, zu denen sie eine persönliche Beziehung aufbauen können, zu denen sie Vertrauen haben.

Was wir aber vor allem brauchen, ist ein kinderfreundlicheres Deutschland. Wir alle sollten uns mehr über die Kinder in der Nachbarschaft freuen, auch wenn sie manchmal laut toben und die Mittagsruhe stören. Sie bereichern doch unser Land und unser Leben!

Kinder sind das größte Geschenk – für jeden persönlich, aber auch für unser Land. Wir alle sollten dazu beitragen, dass Eltern und Kinder wieder Familien sein können, und gemeinsam an einer Gesellschaft arbeiten, deren Säulen die Familien sind. Und wir sollten alle einen Blick für die Kinder haben, die unter schlechteren Voraussetzungen aufwachsen als andere. Machen wir uns zu Lobbyisten dieser Kinder.

Mit Kindern in die Zukunft – das ist Deutschlands große Chance.

Anmerkungen

[1] http://www.focus.de/politik/weitere-meldungen/
deutschland-trotz-elterngeld-weniger-geburten-in-
deutschland_aid_388020.html
[2] http://archiv.mopo.de/archiv/2009/20090512/
hamburg/kinder_kosten_aber_wie_viel_genau.html
[3] Quelle: Rheinische Post, 12.08.2008
[4] Michael Winterhoff, „Tyrannen müssen nicht sein.
Warum Erziehung allein nicht reicht",
Gütersloher Verlagshaus, Gütersloh 2009, S. 118 f.
[5] Arthur Gordon, „Geschenke des Himmels.
Die kleinen wunderbaren Momente des Lebens",
Gerth Medien, Asslar 2008, S. 147
[6] Winterhoff, „Tyrannen müssen nicht sein.
Warum Erziehung allein nicht reicht",
Gütersloher Verlagshaus, Gütersloh 2009, S. 119
[7] http://www.familieninsel.de/index.php
Scheidungskinder
[8] Autorengruppe Bildungsberichterstattung:
„Bildung in Deutschland 2008 – Ein indikatoren-
gestützter Bericht mit einer Analyse zu Übergängen
im Anschluss an den Sekundarbereich I", S. 88
[9] Quelle: http://www.kinder-themen.net/home/
kinderthemen-schlagzeilen/109-137000-
migrantenkinder-ohne-schulabschluss

[10] „Bildung in Deutschland 2008 – Ein indikatoren-gestützter Bericht mit einer Analyse zu Übergängen im Anschluss an den Sekundarbereich I" – Pressemitteilung der Autorengruppe Bildungs-berichterstattung, S. 15

[11] „Bildung in Deutschland 2008 – Wer kommt zu Wort?", S. 6, aus: Heckman, J. J.: The economic, technology and neuroscience of human capability formation. In: Proceedings of the National Academy of Science 104 (33), p. 13250–13255

[12] „Der erteilte Gutschein ermöglicht ihnen die Inanspruchnahme eines Platzes in der Kita ihrer Wahl (wenn dort ein Platz angeboten werden kann). Die Kita kann dann den Gutschein beim Land Berlin einlösen und bekommt einen vom Alter des Kindes, dem bewilligten Bedarfsumfang und dem gesetzlichen Elternbeitrag abhängigen Zuschuss." (Quelle: http://www.kitagutschein-berlin.de/eltern/index.html)

[13] Bordon, Winters, Wenserit: „99 Dinge, die Sie unbedingt mal mit Ihren Kindern tun sollten", Gerth Medien, Asslar 2009
http://www.mzfk.net/index.html
http://www.familienhandbuch.de/cmain/f_Programme/a_Aktivitaeten_mit_Kindern/s_506.html
http://www.epochtimes.de/articles/2008/07/08/308933.html
http://www.bundesregierung.de/nn_1520/Content/DE/Magazine/MagazinSozialesFamilieBildung/061/061.html